SUPPRESSION DES OCTROIS

DE LA VILLE DE PARIS

PAR

Charles CARRÉ

NÉGOCIANT EN EAUX-DE-VIE

Membre de la Société nationale d'Encouragement à l'Agriculture,
Expert-Délégué à l'Exposition de Vienne en 1873,
Ex-Président de la 19ᵉ Commission locale du travail des enfants,
pour la Ville de Paris,
Ex-Secrétaire de la classe 85 (Matériel horticole) à l'Exposition universelle
de 1878.

Prix : 4 francs

PARIS

GUILLAUMIN ET Cⁱᵉ, ÉDITEURS

De la Collection des principaux Économistes, du Journal des Économistes,
du Dictionnaire de l'Économie politique,
du Dictionnaire universel du Commerce et de la Navigation, etc.

Rue Richelieu, 14

1890

LA

SUPPRESSION DES OCTROIS

DE LA VILLE DE PARIS

LA

SUPPRESSION DES OCTROIS

DE LA VILLE DE PARIS

PAR

Charles CARRÉ

NÉGOCIANT EN EAUX-DE-VIE

Membre de la Société nationale d'Encouragement à l'Agriculture,
Expert-Délégué à l'Exposition de Vienne en 1873,
Ex-Président de la 19e Commission locale du travail des enfants,
pour la Ville de Paris,
Ex-Secrétaire de la classe 85 (Matériel horticole) à l'Exposition universelle
de 1878.

PARIS

GUILLAUMIN ET Cⁱᵉ, ÉDITEURS
de la Collection des principaux Économistes, du Journal des Économistes,
du Dictionnaire de l'Économie politique,
du Dictionnaire universel du Commerce et de la Navigation, etc.
Rue Richelieu, 14

1890

A Monsieur François MILLERAND,

62, *rue Singer, à Paris.*

Mon vieil ami,

Tu m'as reproché, en lisant mon petit opuscule « sur la suppression des octrois de la ville de Paris » paru en 1881, de n'avoir effleuré, en ne traitant cette question qu'au point de vue des droits qui frappent les boissons, qu'un côté de ce grave problème, et tu m'engageais à reprendre cette thèse pour lui donner, par un travail d'ensemble, la solution qu'elle mérite et comporte.

Frappé de tes observations que je trouvais fondées, j'ai repris la plume. Je te dédie ce nouveau travail. Puisse-t-il répondre à ton attente !

Mon cher ami,

Je disais, il y a une dizaine d'années, dans un petit opuscule intitulé *De la réforme de l'impôt sur les boissons*, que la substitution de l'impôt direct à l'impôt indirect aurait pour corollaire la suppression fatale et à courte échéance des octrois, par ce fait que les municipalités ne pouvant plus, à raison de la transformation de l'assiette des impôts sur les boissons, compter sur le concours de l'Administration des contributions indirectes, se verraient dans l'impossibilité absolue de se prémunir contre toutes les fraudes qui ne cesseraient, dès lors, d'être tentées, au moment de l'introduction des liquides, dans les lieux sujets, et je faisais pressentir alors que je serais amené, sous un délai plus ou moins éloigné, à me préoccuper de la recherche du meilleur mode de remplacement des Octrois.

Le moment me semble arrivé de modérer l'élan de nos édiles qui chaque jour, pour satisfaire aux larges appétits de la grande cité, triturent par les tentacules de l'octroi, les forces vives du pays, l'Agriculture et l'Industrie, et ne craignent pas, malgré le sublimé libéral de leurs programmes politiques, par les entraves multiples qu'ils apportent à la libre circulation des produits du sol, de bâillonner la liberté commerciale proclamée en principe, dès la séance des États-Généraux du 24 février 1484.

Poussé par le souffle de l'opinion publique réclamant à grands cris la suppression des octrois comme une juste et légitime satisfaction due à ses aspirations libérales et égalitaires, j'ai suivi le sentier déjà battu par divers économistes qui n'ont point reculé devant l'étude aride de cette grave question.

Du reste, la suppression des octrois est mûre aujourd'hui. L'opinion publique s'en est emparée et réclame énergiquement cette réforme. — Plusieurs municipalités, Lyon, Saint-Étienne, Périgueux, etc.,

et notamment Paris, en ont fait l'objet de propositions méthodiquement délibérées; d'autres en ont
admis le principe.

Au cours de la dernière législature, la Chambre a
émis un vote favorable au projet de loi déposé par
M. Yves Guyot et accordant aux communes le droit
de supprimer leurs octrois en les remplaçant par des
taxes qu'elles détermineraient elles-mêmes. Ce projet ne leur imposait que quelques conditions véri-
tablement indispensables et ayant pour objet d'empêcher qu'une partie quelconque des habitants de
la commune fût lésée au profit des autres : « Les taxes
» nouvelles ne devront être prélevées que sur des
» propriétés ou des objets situés dans la com-
» mune, ou des revenus en provenant; elles devront
» s'appliquer à toutes les propriétés, objets ou reve-
» nus de même nature; elles devront être assises
» sur des propriétés ou objets tangibles ou des
» signes apparents de revenus ou de richesse; enfin
» elles devront être proportionnelles. »

L'Assemblée législative avait ajouté une autre
condition : « Les taxes décidées par les conseils
» municipaux, en remplacement des octrois, ne
» pourront être appliquées qu'après avoir reçu
» l'approbation du Parlement. »

C'était là, sans doute, un acte de méfiance qui
trouverait peut-être son explication dans ce fait que
presque tous les promoteurs de la réforme si vivement désirée montraient des tendances à demander
exclusivement aux revenus de la propriété bâtie les

ressources que la suppression des octrois enlève-
raient aux communes.

M. Yves Guyot, qui est l'un des plus ardents pro-
tagonistes de la réforme des octrois, et à qui on
doit, assurément, d'avoir fait franchir le plus large
pas à la question, se montrait, notamment, bien
qu'il n'en fût que le présentateur aux Chambres,
au nom de plusieurs de ses collègues, partisan de
ce système et la plupart des travaux qu'il a publiés
sur ce problème, antérieurement à sa présence dans
les assemblées législatives, empruntent cette base
d'évaluation.

Or, il te suffira de jeter un simple coup d'œil sur
la partie de mon travail ayant trait au contingent
que je réclame aux loyers, afin d'arriver à la suppression de l'octroi, pour te rendre compte que si
on demandait à ceux-ci de compenser, particulièrement à Paris, le chiffre que la Ville retire de son
octroi, la taxe de remplacement serait tellement
formidable, que son imposition arrêterait net toute
velléité réformatrice.

C'est là un écueil que j'ai voulu éviter et qui,
pour moi, j'en ai la conviction, a fait reculer la précédente Chambre qui n'a voté en première lecture,
sois-en persuadé, le principe de la suppression des
octrois que par simple condescendance pour le
ministre des travaux publics et pour marquer qu'elle
tenait ses efforts en considération. Mais l'Assemblée
était bien résolue à ne pas passer à la seconde lecture et, de fait, le projet a disparu avec la Chambre.

Aujourd'hui, il revient, sur une proposition de M. Guillaumou, député du Rhône, et de plusieurs de ses collègues.

Cette fois-ci, aboutira-t-on ? Je l'espère.

Dans tous les cas, le travail que je te soumets n'a pas d'autre prétention que d'apporter ma contribution à la solution du problème.

En demandant actuellement, comme je l'ai fait en 1884, à diverses catégories de contribuables certains sacrifices compatibles avec leurs ressources présumées, tu me rendras cette justice que je n'ai été inspiré que par le sentiment de l'équité.

Je me suis efforcé de compliquer le moins possible ces catégories; mais j'ai visé cependant à ne pas en écraser une seule, pour le plus grand profit des autres; car, je le répète, c'est, à mes yeux, pour avoir suivi une voie contraire que, jusqu'à ce jour, on n'a pu aboutir.

La presse, du reste, qui ne ménage jamais son appui aux questions justes, et souvent les éclaire, tout en préparant l'opinion publique à les accepter, a depuis quelque temps déjà passé en revue divers modes de remplacement des octrois; les uns consistaient à reporter tout le poids de cet impôt sur le capital, les autres sur le revenu, et d'autres enfin sur la propriété foncière.

Je ne discuterai point ces systèmes, ils ont les uns et les autres des partisans et des adversaires; qu'il te suffise de savoir que je ne les admets absolùment ni les uns ni les autres.

Aux partisans de l'impôt sur le capital, je dirai que le capital est l'arme du travailleur, et aux fervents de l'impôt sur le revenu, je leur ferai observer que le revenu est le fruit du travail. Quant à reporter l'impôt de l'octroi sur la propriété foncière, ce serait, selon moi, une lourde et criante faute, car en dehors de l'impôt qui lui est propre, la propriété se trouve grevée de frais de transmissions d'hypothèques et *tutti quanti;* ne serait-ce pas alors le cas de dire : *bis repetita non placent,* et ce serait justice.

Mais étant donné, sous un gouvernement démo-cratique, que tout citoyen, par son bulletin de vote, contribuant à la formation de la constitution de son pays, doit avoir à honneur d'en supporter les char-ges, j'ai été amené à penser qu'en présentant en remplacement des droits d'octroi :

1° Une taxe proportionnelle à la valeur locative des locaux consacrés à l'habitation ;

2° Une taxe de 12 0/0 sur la valeur locative des locaux consacrés aux diverses industries dont les produits sont sujets aux droits d'octroi ;

3° Une plus-value provenant de la refonte des patentes, j'apporterais à la solution de cette question la sanction si ardemment désirée.

Telle est, du reste, la thèse que je désire soutenir.

LA
SUPPRESSION DES OCTROIS

DE LA VILLE DE PARIS

CHAPITRE PREMIER

BUDGET DE LA VILLE DE PARIS

Le budget de la Ville de Paris est fort respectable ; il s'élève, exercice 1888, à la somme de 304,424,890 fr. 66 c.

Les revenus proviennent de taxes diverses, de legs, de donations, de redevances et locations, de ventes et concessions de terrains et des droits d'octroi.

Ses dépenses, tant ordinaires qu'extraordinaires, consistent dans le paiement d'intérêts et amortissements d'emprunts, d'annuités, dans les frais de cultes, d'instruction, de travaux de voirie, d'assistance publique, etc.; comme tu pourras en juger par les tableaux suivants, présentant pour l'année 1888 les recettes et les dépenses de la Ville de Paris, telles qu'elles ont été arrêtées par l'Administration préfectorale.

BUDGET DE

Recettes

CHAPITRES	NATURE DES RECETTES	SOMME
	PREMIÈRE PARTIE (Recettes propres à l'exercice 1888.) FONDS GÉNÉRAUX **I. Recettes ordinaires.**	
1	Centimes communaux ; impositions spéciales, taxe sur les chiens	33.453.900
2	Part revenant à la Ville dans le produit de diverses amendes et des permis de chasse ; intérêts de fonds placés au Trésor ; recouvrement sur les porteurs d'obligations municipales des droits avancés pour leur compte.	5.661.300
3	Octroi.	137.740.458
4	Droits d'expédition d'actes et prix de vente d'objets mobiliers.	250.000
5	Halles et marchés.	8 053.581
6	Poids public.	200.000
7	Abattoirs.	3.380.000
8	Entrepôts.	2.965.550
9	Produit des propriétés communales.	1.470.100
10	Taxes funéraires.	1.000.735
11	Concessions de terrains dans les cimetières.	2.442.547
12	Legs et donations pour des œuvres de bienfaisance.	21.045
13	Locations sur la voie publique et dans les promenades publiques.	1.731.470
14	Voitures publiques.	5.367.000
15	Droits de voirie.	650.000
16	Vente de matériaux provenant du service des travaux et cession de parcelles de terrain retranchées de la voie publique.	510.700
17	Contributions pour travaux de voirie, d'architecture, de pavage, de nettoiement et pour frais d'éclairage.	4.348.750
18	Contribution de l'État et du Département dans les frais d'entretien et de nettoiement du pavé de Paris	3.900.000
19	Taxe du balayage	2.860.000
20	Redevances diverses payées par la Compagnie parisienne d'éclairage et de chauffage par le gaz.	18.985.000
21	Abonnements aux eaux de la Ville, produit des canaux et de divers immeubles dépendant des établissements hydrauliques	12.397.100
22	Exploitation des voiries ; vidanges, égouts	2.070.750
23	Recettes et rétributions perçues dans divers établissements d'instruction publique, legs et donations.	2.502.803 40
24	Contribution de l'État dans les dépenses de la Police municipale.	7.093.823
25	Recettes diverses et imprévues.	767.009
	Total des Recettes ordinaires.	260.190.690 6.
	II. Recettes extraordinaires.	1.474.200
	Total des Recettes sur fonds généraux.	261.664.890 6.
	FONDS SPÉCIAUX	
	Recettes extraordinaires	42.650.000
	Total de la première partie des Recettes.	304.314.890 6.
	DEUXIÈME PARTIE	
	Recettes concernant les Exercices clos	110.000
	Total général.	304.424.890 6.

ILLE DE PARIS 1888   **Dépenses**

	NATURE DES DÉPENSES	SOMMES
	PREMIÈRE PARTIE (Exercice courant.)	
	FONDS GÉNÉRAUX	
	1. Dépenses ordinaires.	
1	Dette municipale.	106.139.057 59
2	Charges de la Ville envers l'État. Frais de perception par les agents du Trésor. Restitution de sommes indûment perçues	5.859.000 »
3	Frais de perception des produits de l'Octroi et des Entrepôts.	7.800.865 »
4	Administration centrale de la Préfecture, Caisse municipale, Mairies d'arrondissement.	6.056.987 20
bis		846.700 »
5	Dépenses pour le service du Conseil municipal.	1.455.170 32
6	Pensions et secours	898.400 »
7	Dépenses des mairies d'arrondissement.	1.476.040 »
8	Frais de Régie et d'exploitation du domaine de la Ville, des halles, marchés, etc.	»
9	Cultes.	1.377.237 »
10	Inhumations.	721.425 »
11	Affaires militaires, Sapeurs-Pompiers, Postes de sûreté, Corps de garde et Casernes.	2.750.730 »
12	Garde républicaine.	5.438.530 »
13	Travaux de Paris (personnel et matériel de la direction).	4.158.700 »
14	Architecture et Beaux-Arts	2.782.600 »
15	Voirie.	20.544.891 »
16	Voie publique.	44.257.658 51
17	Promenades et plantations, éclairage, voiures, etc.	7.957.783 »
18	Eaux et égouts, vidanges, exploitation des voiries.	
	Collège Rollin. Bourses dans les lycées et dans les divers établissements spéciaux.	1.551.462 »
19	Subventions à des établissements d'enseignement supérieur	23.764.668 40
20	Instruction primaire et écoles supérieures.	22.049.045 »
21	Assistance publique. Aliénés. Enfants assistés. Établissements de bienfaisance.	171.453 44
22	Dépenses diverses	22.958.228 »
1 bis	Préfecture de Police	2.279 411 99
1 ter	Dépenses des services des Sapeurs-Pompiers	283.640 »
23	Laboratoire municipal de Chimie.	572.607 21
3 bis	Fonds de réserve.	» »
	Réserve spéciale	
	TOTAL.	260.190.690 66
		1.474.200 »
	II. Dépenses extraordinaires.	261.664.800 66
	TOTAL des Dépenses sur fonds généraux.	
	FONDS SPÉCIAUX	
	Dépenses extraordinaires	42.650.000 »
	TOTAL pour la première partie des Dépenses.	304.314.800 66
	DEUXIÈME PARTIE (Exercice clos.)	
	Dépenses ordinaires.	100.000 »
	Dépenses extraordinaires.	10.000 »
	TOTAL général des Dépenses.	304.424.800 66

Il ne te conviendrait pas, et ce serait du reste en dehors du sujet sur lequel je veux te soumettre des modifications qui me semblent importantes, d'étudier même rapidement, les différentes parties de ce budget, bien que, à simple lecture, les observations se présentent nombreuses et souvent avec un grand air de vérité qui permettrait la critique.

Il y aurait en particulier beaucoup à dire sur les impositions portées au n° 1, centimes communaux, taxe sur les chiens, figurant aux recettes pour la somme importante de 33,453,900 francs; sur les taxes funéraires, 1,000,735 francs, ce qui ne nous permet pas d'espérer à bref délai le droit de mourir et de nous faire enterrer à peu de frais; les voitures publiques, 5,367,000 francs, impôt qui pèse si lourdement sur la circulation publique et compromet les affaires; les contributions perçues dans les divers établissements d'instruction publique, impôt de 2,502,863 fr., que nous pourrions qualifier d'énorme et qui ne peut que peser lourdement sur le développement moral de nos enfants; les frais de police qui atteignent près de 8,000,000 de francs, et un certain nombre d'autres articles du budget des dépenses, dont tu entreverras facilement, à simple lecture, les parties sujettes à critiques, car ce dernier tableau, comme le premier, est fort instructif.

OCTROI DE LA VILLE DE PARIS

Parmi les revenus de la Ville de Paris, le produit de l'octroi, celui dont j'ai à m'occuper avec toi, tient le premier rang.

Le compte Octroi, depuis 1879, époque à laquelle les recettes admises au budget pour la somme de 127,233,185 francs ont été dépassées de 9,343,424 fr. 30 c., a toujours suivi une marche ascendante que n'a pu modérer une différence en moins de 500,000 francs entre les produits constatés et les évaluations du budget de 1886 se chiffrant par 136 millions 229,500 francs, et il a atteint en 1889, en prévision de recettes extraordinaires de l'Exposition, la somme de 139,246,458 fr. 45 c., l'emportant de 1,500,000 francs sur son aîné de 1888.

Une telle course au clocher m'effraie, me donne presque le vertige, et en homme prudent, je me contente de mon petit octroi de 1886, que je trouve déjà assez corsé : tant va la cruche à l'eau qu'elle finit par se casser, — et qui s'élève, suivant le tableau ci-après, à la somme de 135,668,517 fr. 86 c.

Si, d'un autre côté, tu veux bien consulter le tableau Octroi, page 48, tu verras qu'en défalquant de cette somme, 135,668,517 fr. 86 c., celle de 7,889,738 fr. 45 c. pour frais de perception des produits de l'octroi et des entrepôts, il en résulterait que la Ville de Paris encaisserait annuellement une somme approximative de 127,778,779 fr. 71 c.

F° 318. *Annuaire statistique 1887.* Dépenses octroi 1886 : 7,889,738 fr. 45 c.

COMPTE GÉNÉRAL DES RECETTES E[T DÉ]PENSES DE LA VILLE DE PARIS

CHAPITRES	PARAGRAPHES	ARTICLES	NATURE DES RECETTES	RECETTES ADMISES AU BUDGET	PRODUITS CONSTATÉS d'après les titres justificatifs	RECETTES effectuées	RESTES A DÉCOUVRER, à reporter sur 1887	DIFFÉRENCE entre les produits constatés et les évaluations du budget — AUGMENTATION	DIMINUTION
3			**CHAPITRE III** — **OCTROI**						
		1	Produit des droits d'octroi	130.000.000 »	135.426.162 52	135.425.192 06	970 46	»	573.837 48
		2	Rétribution pour escorte de marchandises en transit	100.000 »	88.620 30	88.620 30	»	»	11.379 70
		3	Remboursement par divers de frais de surveillance de l'octroi	89.500 »	90.845 00	90.845 00	»	1.345 »	»
		4	Produit net des amendes et des saisies en matière d'octroi (ordonnance du 9 décembre 1814, art. 94)	40.000 »	63.859 00	63.859 00	»	23.859 00	»
			TOTAL DU CHAPITRE III	130.229.500 »	135.669.488 52	135.068.517 86	970 46	25.205 00	585.217 18
								»	300.011 68

DÉTAIL DES PRODUITS CONSTATÉS :

CHAPITRES DE PERCEPTION	MONTANT DES DROITS CONSTATÉS — D'après le tarif décimes compris	PARTS CENTIMES	TOTAL GÉNÉRAL	RECOUVREMENTS effectués pendant l'exercice	RESTE A RECOUVRER
Boissons	58.867.833 17	5.307 25	58.873.140	58.872.260 01	880 30
Boissons (droits sur marquants)	»	»	»	»	»
Alcools dénaturés	141.828 73	25 51	141.854	141.854 24	»
Liquides autres que les boissons	15.653.598 95	556 50	15.654.248	15.654.241 02	6 03
Comestibles	30.586.172 35	2.080 33	30.508.253	30.508.252 67	»
Droit fixe sur les bestiaux	740 »	»	740	740 »	»
Combustibles	12.738.385 42	229 [illegible]	12.738.584	12.738.[illegible] 07	24 80
Matériaux	5.003.932 95	143 71	5.004.076	5.004.075 66	»
Bois à ouvrer, bateaux et bois de déchirage	4.080.311 89	264 07	4.080.575	4.080.575 96	»
Fourrages	4.810.330 61	362 84	4.810.693	4.810.693 45	»
Objets divers	2.285.483 31	9 12	2.285.492	2.290.493 13	»
Parts centimes provenant des perceptions du petit comptant	»	11.071 09	11.271	11.571 00	»
SERVICE DES EXTRUDÉS A DOMICILE ET DES USINES					
Droits d'admission :					
Reconnaissance à la sortie .... 65.200 »					
Abonnements sur les combustibles ... 162.400 »	313.300 »	»	313.300	313.300 »	»
Entrepôt de matières premières ..... 85.700 »					
Timbre des bulletins de sortie	62.782 50	»	62.782	62.782 50	»
Abonnements sur les combustibles	501.927 00	» 17	501.927	501.869 46	58 37
	125.405.617 79	20.844 73	135.426.192	135.425.192 60	970 40

CHAPITRE III. — OCTROI *(suite).*

Dépenses du personnel :

Traitements et indemnités fixes.	
Directeur, régisseurs	50.099 64
Employés des bureaux de l'administration centrale. . . .	368.452 86
Sous-ordres de l'administration centrale et des divisions du service actif.	54.421 52
Employés du service actif.	4.158.800 32
Receveurs.	205.996 19
Commis de recette	150.576 61
Préposés aux escortes	247.440 »
Indemnité de logement aux employés du service actif, aux receveurs, aux commis de recette titulaires et aux sous-ordres.	683.594 20
Dépenses variables et éventuelles du personnel.	
Remises aux directeur et régisseurs, aux employés de l'administration centrale autres que les stagiaires, à ceux du service actif, aux receveurs et aux commis de recette titulaires	465.043 59
Indemnités pour permanences et secours aux employés du service sédentaire et à leurs veuves. Indemnité au secrétaire du conseil	7.299 »
Indemnité pour permanences et secours aux employés du service actif et à leurs veuves, aux préposés aux escortes et aux sous-ordres en exercice	11.190 »
Pensions et secours viagers.	
Subvention à la caisse des retraites des employés de l'octroi	929.000 »
Subvention à la Société de prévoyance et de secours mutuels des employés de l'octroi	2.000 »
Secours viagers et non viagers à d'anciens employés sous-ordres, préposés aux escortes, et à leurs veuves. .	9.100 »
Traitements et indemnités diverses.	
Versement à la caisse centrale du département de la Seine pour complément de frais de perception de l'octroi de banlieue (ordonnance du 11 juin 1817)	2.433 10
Traitements des médecins attachés à l'octroi	14.885 »
Indemnité au receveur principal des droits d'entrée, remplissant les fonctions de receveur du bureau central de l'octroi	2.400 »
Commission de la Banque de France. Indemnité et gratifications pour services rendus à l'octroi par les préposés à la navigation, les porteurs de la Banque et autres agents étrangers	2.219 35

Dépenses du matériel :

Administration centrale et service extérieur.	
Frais d'habillement uniforme. (Service actif. — Préposés aux escortes, sous-ordres. — Achat de blouses pour employés).	125.802 20
Loyers des bâtiments affectés au service de la perception. — Frais divers relatifs aux baux de locations desdits bâtiments (papier timbré, droits d'enregistrement, etc.), à la charge de l'octroi	11.486 40
Réparations locatives des bureaux de perception et des bâtiments occupés par l'octroi. — Entretien et renouvellement du mobilier de l'administration centrale et des bureaux du service actif. Eau et menues fournitures. .	29.995 20
Chauffage et éclairage des bureaux de l'administration centrale et de ceux du service actif.	118.568 69
Impressions de toute nature.	89.595 77
Papiers, registres et fournitures de bureau. Reliure de livres. Abonnements divers et achat de livres ; ports de lettres et timbres d'acquit.	25.348 37
Ustensiles de toute nature servant à la perception. Fausssets, ficelles et plombs. Transport du matériel. .	38.060 58
Frais de médicaments livrés gratuitement aux employés.	9.095 67
Frais d'illumination et de pavoisement à l'occasion des fêtes publiques et notamment de la Fête Nationale du 14 juillet.	3.907 30
Dépenses diverses et imprévues.	
Frais divers pour la répression de la fraude. — Dépenses relatives aux affaires contentieuses	» »
Frais d'analyses chimiques	2.240 89
Dépenses imprévues.	2.934 53
TOTAL.	7.823.560 24

L'économie du système de l'impôt direct que je proposais en 1870, en remplacement de l'impôt indirect sur les boissons, me paraissait sauvegarder d'une manière irréfutable les intérêts du Trésor (1). Il me reste à démontrer maintenant que la taxe proportionnelle à la valeur locative des locaux consacrés à l'habitation; que celle de 12 0/0 sur la valeur locative des locaux consacrés aux diverses industries dont les produits sont sujets aux droits d'octroi; et que la plus-value provenant de la refonte des patentes, que je présente en remplacement des droits d'octroi, équilibreront les recettes budgétaires de la ville de Paris.

(1) Suivant mon projet de réforme de l'impôt sur les boissons paru en 1875 : *Suppression de l'impôt indirect, son remplacement par l'impôt direct*, je demandais à la production vinicole et cidricole une somme de 195,595,000 francs, composée comme suit :

Production vinicole. . . . . Fr. 176.470.000
Production cidricole 19.125.000

Mais cette somme se trouve, par l'application de la loi du 19 juillet 1880, stipulant un abandon par l'État, à titre de dégrèvement, d'une somme de 70 millions de francs, réduite à 125,595,000 francs, répartie de la manière suivante :

Production vinicole. . . . . Fr. 111.470.000
Production cidricole 14.125.000

Fr. 125.595.000

Quant aux demandes de dégrèvements qui pourraient être adressées par les propriétaires producteurs pour causes diverses, j'ajoutais qu'elles seraient couvertes par le produit de la taxe de 2 francs par hectolitre qui frappe les vins étrangers à leur introduction en France, s'élevant de 18 à 20 millions de francs et par les 5 à 6 millions de francs provenant de la taxe de 6 francs par 100 kil. de l'importation de 80 à 90 millions de kilogrammes de raisin sec susceptibles de produire de 2,500,000 à 3 millions d'hectolitres de vin ; taxe que l'on devrait élever à 12 francs les 100 kilos. Cette mesure équitable, répondant aux intérêts du Trésor et des classes laborieuses, sans préjudicier en quoi que ce soit à ceux des viticulteurs, aurait pour effet immédiat de biffer l'inénarrable loi Griffe, qui ne mérite pas les honneurs d'un enterrement de 4ᵉ classe.

Je crois devoir également te faire observer que je ne demandais aux trois-six d'industrie qu'une somme de 90 millions de francs, soit 90 francs par hectolitre d'alcool pur, sur une production moyenne d'un million d'hectolitres, tandis que 'aurais pu réclamer celle de 117 millions de francs sur une fabrication minimum de 1,300,000 hectolitres.

(La fabrication du trois-six d'industrie en France dépasse, depuis 15 ans, 1,500,000 hectolitres.

CHAPITRE II

HABITATIONS

TAXE DE REMPLACEMENT PROPORTIONNELLE

À LA VALEUR DES LOCAUX CONSACRÉS A L'HABITATION

La population totale de la ville de Paris, d'après le recensement de 1886, s'élevait à 2,344,550 habitants, savoir :

Population normale. 2.294.108
Population recensée collectivement . .   50.444

                       2.344.552 (1)

Cette population résidait, au 1er janvier 1888, dans 82,502 propriétés bâties renfermant 1,157,729 locaux, affectés comme suit : 806,187 à l'habitation et 351,542 à l'industrie.

L'évaluation matricielle de ces locaux se chiffre par une somme de 693,924,716 francs, décomposée de la manière suivante : à l'habitation 425,036,097 francs et à l'industrie 268,888,619 francs, qu'il convient d'augmenter d'un cinquième pour avoir la valeur locative réelle, qui, par suite, atteindrait plus de 832 millions de francs, soit, à 5 0/0, un capital de 16 milliards environ, représentant l'estimation de la richesse immobilière de Paris, abstraction faite des monuments publics non susceptibles de revenus : églises, ministères, casernes, etc. (2).

(1) Aux termes du décret du 5 avril 1886, la population normale doit seule servir de base à l'assiette de l'impôt et à l'application de la loi sur l'organisation municipale.

(2) Il résulterait du recensement effectué en 1889 que l'évaluation de la valeur locative des maisons et usines de Paris aurait subi une augmentation de 81,075,288 francs.

Nombre de maisons, locaux industriels et d'habitation :
Valeur locative de ces locaux.

Arrondissements	NOMBRE de MAISONS	NOMBRE DES LOCAUX CONSACRÉS			ÉVALUATION DES LOCAUX CONSACRÉS		
		A L'INDUSTRIE	A L'HABITATION	TOTAL	A L'INDUSTRIE	A L'HABITATION	TOTAL
1	2.273	15.927	28.012	43.939	23.726.855	22.395.175	46.122.030
2	2.434	19.477	29.927	49.404	36.140.705	20.392.390	56.533.095
3	2.480	18.521	37.809	56.330	19.145.650	18.186.440	37.332.090
4	2.584	14.973	38.098	53.071	11.563.005	16.789.875	28.352.880
5	3.327	21.409	40.910	62.319	8.421.525	16.432.885	24.854.410
6	2.997	19.128	37.139	56.267	10.309.970	20.513.510	30.823.480
7	2.702	10.988	30.100	41.088	6.226.295	26.762.605	32.988.900
8	3.747	15.845	29.279	45.124	14.303.390	59.118.580	73.421.970
9	3.851	17.558	46.525	64.083	30.498.540	52.253.540	82.752.080
10	4.071	21.963	61.152	83.115	24.031.445	30.046.955	54.078.400
11	5.897	27.840	76.599	104.439	18.686.130	23.751.910	42.438.040
12	4.564	20.500	38.177	58.677	11.553.480	11.619.695	23.172.875
13	4.096	12.975	31.291	44.266	5.649.033	7.665.864	13.314.897
14	4.773	13.729	32.082	45.811	5.070.976	9.032.365	14.103.341
15	5.534	16.575	33.472	50.047	6.444.146	9.017.325	15.461.471
16	4.717	10.055	19.012	29.067	4.969.537	19.841.920	24.811.457
17	5.550	16.688	49.499	66.187	8.235.686	20.896.625	29.132.311
18	6.614	22.723	61.931	84.654	9.391.277	17.876.340	27.267.617
19	4.607	18.343	41.439	59.782	9.250.199	11.410.305	20.660.504
20	5.684	16.325	43.734	60.059	5.269.075	11.031.703	16.300.778
	82.502	351.542	806.187	1.157.729	268.886.619	425.036.097	693.922.716

Tableau approximatif dressé sur celui des grands faits économiques sociaux. — F° 105.

D'un autre côté, le nombre des locations d'habitation se subdivise comme suit :

Au-dessous de 500 francs			622.376
De	500 à	749	78.042
—	750 à	999	27.001
—	1.000 à	1.249	21.380
—	1.250 à	1.499	8.199
—	1.500 à	2.999	28.104
—	3.000 à	5.999	13.994
—	6.000 à	9.999	4.526
—	10.000 à	19.999	2.066
—	20.000 et au-dessus		499
			684.952

J'appliquerai à chacun de ces loyers une taxe proportionnelle à leur valeur et que j'appellerai taxe de remplacement, parce qu'elle aura pour objet de se substituer aux droits d'octroi supprimés. Cette taxe suivra, si tu le veux bien, et j'en ferai ressortir plus loin l'équité, une échelle allant de 9 à 23 0/0, grevant chaque catégorie de locations, d'après l'ordre suivi dans le tableau ci-dessous.

L'application de cette taxation au profit de la ville de Paris fournira au Trésor municipal un revenu de 54,074,142 francs. Ce beau résultat ressort, comme il est facile de t'en convaincre, du produit obtenu par la multiplication, les uns par les autres, des chiffres contenus dans chacune des trois colonnes du tableau tracé plus bas et dont le montant est reporté dans la quatrième.

Nombre.	Catégorie de loyers.		Valeur approximative.	Taxe 0/0.	Produit.
203.729	100 à	200	30.659.350	9	2.759.341
418.647	200 à	500	125.704.100	10	12.570.410
105.043	500 à	1.000	73.530.400	11	8.088.314
37.579	1.000 à	2.000	37.579.000	12	4.509.480
20.104	2.000 à	3.000	40.208.000	13	5.227.040
7.334	3.000 à	4.000	22.002.000	14	3.080.280
4.162	4.000 à	5.000	16.648.000	15	2.497.200
2.698	5.000 à	6.000	13.490.000	16	2.158.400
1.404	6.000 à	7.000	8.424.000	17	1.432.080
1.221	7.000 à	8.000	8.547.000	18	1.538.460
910	8.000 à	9.000	7.280.000	19	1.383.200
791	9.000 à	10.000	7.119.000	20	1.423.800
1.426	10.000 à	15.000	14.260.000	21	2.994.000
640	15.000 à	20.000	9.600.000	22	2.112.000
499	20.000 et au-dessus		9.998.000	23	2.299.540
806.187			425.048.550		54.074.142

La diminution du cinquième sur l'évaluation des loyers pour l'établissement de la cote mobilière ayant été faite, je pourrais la reprendre sur le montant des loyers imposés s'élevant à 286,880,050 francs et trouver de ce chef une somme de 9,180,416 francs représentant le produit de la taxe proportionnelle de 16, moyenne de 9 à 23 sur 57 millions 377,600 francs. Mais estimant que cette somme balancerait la perte qui pourrait provenir des locaux vacants, j'ai préféré l'abandonner dans la crainte d'être accusé de vouloir quand même tirer profit de tout bois. Toutefois, en présence du peu de confiance que m'inspirent les déclarations faites par les propriétaires pour l'enregistrement des locations verbales ainsi que des baux, je n'hésite pas à prendre un dixième sur la totalité des locaux consacrés aux habitations s'élevant à 425,036,097 francs, lesquels, divisés par 10, me donnent une somme de 42,503,609 francs, passible de la taxe moyenne de 16. Cette opération me procurera une somme de 6,800,577 fr. 44 c.

Il découle de ce qui précède que la ville encaissera annuellement, par la taxe proportionnelle dite de remplacement sur les locaux consacrés aux habitations : 1° Une somme de 54,074,142 francs ; 2° celle de 6,800,577 fr. 44 c. soit un total de 60,874,719 fr. 44 c.

DISCUSSION DU SYSTÈME DE LA TAXE

DITE DE REMPLACEMENT

SUR LES LOCAUX CONSACRÉS AUX HABITATIONS

Avant d'aborder les objections qui ne manqueront pas de surgir contre le système que j'ai l'honneur de te soumettre, il me paraît utile de te dire deux mots de son économie.

Tout locataire qui voudra se rendre compte de l'importance de la somme qu'il aura à payer par application de la taxe dite de remplacement, n'aura qu'à multiplier le taux

de son loyer par le quantum de la taxe afférente à la catégorie dans laquelle il se trouve compris. Ainsi l'ouvrier
qui paie un loyer de 200 francs sera imposé de 18 francs,
soit $2 \times 9 = 18$. L'auteur du projet, qui se trouve rangé
dans la catégorie des loyers soumis à la taxe de 16 0/0
(5,000 francs de loyer, bientôt 6,000), paiera 800 francs.

Aurons-nous l'un ou l'autre à nous plaindre du système
proposé? Je ne le crois pas; l'ouvrier notamment que j'ai
surtout cherché à alléger; celui-ci paie par an 66 francs de
droits d'octroi, et d'après mon système, en n'en payant
que 18, il bénéficiera de 48 francs.

**Tableau de la consommation d'un habitant de Paris
en denrées alimentaires
et des droits d'octroi payés par lui dans l'année 1881.**

NATURE DES DENRÉES	POPULATION: 2,269,023 HABITANTS		
	QUANTITÉ	MOYENNE DES DROITS	MONTANT DES DROITS
	kil. gr.		Fr. c.
Pain.	146		
Poisson.	12,652	30 » p. 0/0 k.	3 80
Huîtres.	2,296	12 50 —	» 28
Volaille et gibier.	10,701	32 » —	3 42
Viande de { Boucherie.	68,604	10 » —	6 80
Pore, saucissons, etc.	9,578	30 » —	2 87
Beurre.	7,465	14 40 —	1 07
Fromage sec.	2,217	11 40 —	» 25
Œufs.	8,907	4 20 —	» 35
	litres cent.		
Vin.	224	18 87 p. hect.	42 27
Cidre, poiré, hydrome.	2,48	8 50 —	» 21
Bière.	13,27	15 » —	1 99
Huiles, combustibles, sel.			2 69
(1)			66 60

Examinons maintenant le cas qui m'est propre et nous
verrons si je dois me plaindre bien énergiquement. Je te
demande pardon, mon cher ami, de t'entretenir de ma
personne, mais j'ai cru que je ne pouvais présenter une
démonstration qui offrît plus de garanties au point de vue
de la réalité des faits. Ma famille se compose de six membres, la mère, le père et quatre enfants, ayant à leur

(1) Non compris les droits sur les alcools.

service quatre personnes. Je paie donc actuellement pour droits d'octroi 660 francs par an, soit 66×10, et en payant d'après le mode de remplacement proposé, une somme de 800 francs, je me trouverai lésé de la différence entre 660 et 800, soit 140 francs. Cette observation, à première vue, paraît juste et cependant elle ne l'est pas. En effet, il est consommé annuellement, tant par notre personnel que par nous, quelques parents et amis, dix à onze pièces de vin. Je dois en outre avouer qu'aimant le bon vin, il entre dans ma cave une ou deux pièces de vin de qualité supérieure et quelques bouteilles de vieilles fines champagnes. Puis tenant à bien traiter mes convives, je fais figurer sur ma table, les jours de grands dîners de famille, quelques mets recherchés que je ne saurais dénommer, étant peu versé dans la gastronomie, et des pièces de choix telles que faisans, cuissots de chevreuil, saumons, turbots, etc Si aux 440 francs payés pour droits d'octroi sur dix pièces de vin tu ajoutes ceux décaissés pour les liqueurs et les fines champagnes et si tu fais, en outre, entrer en ligne de compte les droits assez élevés qui frappent les pièces de choix dont je te parlais et l'intérêt du capital déboursé, tu seras amené comme moi à reconnaître que les deux comptes se balancent à peu de chose près.

Ces deux exemples me paraissent concluants, et comme le raisonnement que j'ai tenu peut s'adapter à toute autre démonstration, je ne m'arrêterai pas plus longuement sur ce sujet, voulant examiner quelques-unes des objections qui très probablement surgiront.

Entre autres qui ne manqueront pas d'être formulées contre le système des taxes de remplacement, j'en aurai certainement deux à combattre de la part des habitants rangés dans les catégories les plus imposées : 1° ils ne résident pas toute l'année à Paris, les uns vont aux eaux avec leur famille pour raison de santé ou d'agrément, les autres aux bains de mer ; 2° dans tous les cas, ils consomment beaucoup moins, toute proportion gardée, que la classe ouvrière.

La seule réponse que nous puissions faire à la première de ces objections, mon cher ami, c'est que l'on veuille bien agréer l'expression de tous nos regrets de ne pouvoir aller comme eux passer une saison aux bains de mer et que notre principal objectif est de faciliter autant que possible, à la classe la plus nombreuse et la moins fortunée, les moyens de se procurer les objets nécessaires à son alimentation, si lourdement taxés par un système fiscal incompréhensible sous un régime démocratique. Or, comment arriverons-nous à ce résultat, si nous ne demandons pas à la classe plus heureuse quelques sacrifices compatibles avec sa situation et qu'elle ne refusera point de faire, tu peux en avoir la certitude, ne serait-ce que pour assurer à nos institutions une fixité qui ne leur manque, peut-être, qu'à cause de l'injustice du traitement auquel sont soumises les différentes catégories de citoyens, dans la répartition des charges publiques?

A la seconde objection, je répondrai qu'incontestablement la classe ouvrière consomme davantage d'aliments et de boissons fortifiantes que la classe aisée; la raison en est fort simple. L'absorption des aliments étant proportionnelle à la dépense des forces physiques, le taillandier qui sur l'enclume martelle du matin au soir dépense une somme de forces beaucoup plus forte que le bureaucrate qui passe les deux tiers de la journée, assis dans son fauteuil, à aligner quelques chiffres ou à faire la correspondance, se trouve forcé d'absorber plus que celui-ci. Et, cette nécessité d'absorption considérable chez l'ouvrier pour la récupération de ses forces physiques me paraît tellement évidente, qu'elle m'impose le devoir impérieux de demander sinon la suppression totale, tout au moins un allègement réel des taxes qui grèvent si lourdement les produits alimentaires. Je tiens, en outre, à répéter que la valeur de l'alimentation que consomme la classe ouvrière et laborieuse est d'un prix moindre que celle des produits consommés par la classe aristocratique et commerciale. A ce dernier point de vue,

je ferai observer que le système que je propose aura pour
avantage de donner une certaine satisfaction à ceux qui
poursuivent la solution du problème de l'impôt *ad valorem*.

La perception de la taxe de remplacement causera, je
le reconnais, quelques ennuis à l'administration chargée de
la recouvrer. Celle-ci poussera les hauts cris, fera apparaître le fantôme de difficultés insurmontables, elle en sera
pour ses jérémiades. Cette crainte, dis-je, de difficultés
insurmontables pour le recouvrement de cette taxe ne
saurait m'arrêter ni m'effrayer outre mesure, lorsque je
vois celle qui frappe les chiens donner chaque année une
plus-value sensible, et lorsque surtout je considère que le
nombre de ces animaux est bien plus grand dans les
quartiers populeux et les plus pauvres, le XI° arrondissement avec 5,973 chiens et le XVIII° arrondissement avec
5,980. Ne pourrait-on pas dire, en passant, d'une manière
générale, que la race canine est d'autant plus nombreuse
que la population est plus pauvre? Ainsi les dix premiers
arrondissements ne comptent que 27,335 chiens, tandis
qu'il y en a 44,367 dans les dix derniers.

Cette taxe de remplacement que je propose n'aurait-elle
pour effet que de contraindre ou d'habituer le contribuable
à se rendre compte des obligations qu'il a à remplir et à
lui apprendre ainsi à compter, que son application devrait
être prise en considération, car dès lors un grand pas, au
point de vue de la moralisation des masses, serait un fait
acquis. Je reste sous la conviction la plus profonde que
tout contribuable acceptera et acquittera loyalement la taxe
qui lui aura été dévolue. Et l'ouvrier qui tient à exercer
les droits civiques que la loi lui confère, tiendra également
demain, en reconnaissance de cet acte humanitaire, à
honneur de remplir les obligations que le principe de l'égalité devant l'impôt lui impose et pour lui la cote personnelle,
dite taxe de remplacement, sera au principe du civisme ce
que le bulletin de vote est aux droits civiques.

Oh! je sais que l'on te dira que je me drape dans de

douces illusions, dans de folles espérances. Que n'assistaient-ils à ces réunions que ton fils présidait il y a quelques jours avec tant de dévouement, ces hommes qui n'ont point confiance dans la délicatesse des sentiments populaires ! Ils auraient vu une assemblée haletante, houleuse, aux prises avec les passions déchaînées, saisissant au vol les idées justes, se les appropriant pour ne plus jamais s'en dessaisir. J'y étais, et j'ai confiance.

Dans tous les cas le système qui consiste à exonérer complètement de la contribution mobilière tous les habitants dont le loyer d'habitation est inférieur à 500 francs de valeur locative (400 francs de valeur matricielle), et qui a pour résultat de faire supporter les deux tiers du poids de cet impôt à un certain nombre de citoyens qui pourraient être aussi dignes d'intérêt que certains d'entre ceux qui en sont dégrevés, n'a jamais eu mes prédilections, d'autant plus qu'il va à l'encontre du but qu'il se propose d'atteindre, et que l'on peut dire de lui, qu'il donne d'une main pour retenir de l'autre.

En effet, en examinant le tableau ci-dessous, qui figure dans le rapport présenté par M. Foussier, au nom de la Commission du budget, sur la portion de la contribution personnelle et mobilière à prélever sur les produits de l'Octroi, que voit-on ? On voit que, si au lieu d'avoir dégrevé d'un seul coup de plume 500,000 logements d'une valeur locative de 100 millions de francs, la valeur des locaux imposables au lieu d'être de 232 millions serait de 332 millions et dès lors la Ville ne serait point tenue de décaisser une somme de 4,770,090 fr. 76 c. pour payer sa part contributive du contingent de la contribution personnelle-mobilière, laquelle somme, suivant les conclusions du dit rapport, sera prélevée sur le produit de l'Octroi.

Sous les bénéfices de ces observations, je glane les 4,770,092 fr. 76 c. que je vais faire figurer à l'actif de mon compte Octroi.

DÉSIGNATION DES CATÉGORIES de loyers	NOMBRE ET MONTANT DES VALEURS LOCATIVES D'HABITATION								TARIF POUR CENT	PRODUIT DE L'APPLICATION du tarif
	TOTAUX		LOCAUX NON IMPOSABLES				LOCAUX IMPOSABLES			
			Exemptés par le tarif		Vacants					
	NOMBRES	VALEURS	NOMBRES	VALEURS	NOMBRES	VALEURS	NOMBRES	VALEURS		
Loyers matriciels :										
De 1 à 299	632.033	427.054.029	531.911	101.357.374	30.122	7.698.655	70.000	15.000.000	6.50	975.000 »
De 300 à 599	77.000	33.955.160	»	»	5.000	2.844.870	71.000	33.110.390	6.50	2.452.488 35
De 600 à 699	19.443	12.478.800	»	»	1.693	1.076.580	17.750	11.402.280	7.50	855.171 »
De 700 à 799	8.231	6.159.720	»	»	791	571.520	7.500	5.585.200	8.50	474.742 »
De 800 à 899	14.704	12.038.855	»	»	1.311	1.078.560	13.390	10.960.340	9.50	1.041.232 30
De 900 à 999	7.338	7.037.900	»	»	838	799.030	6.520	6.237.905	10.50	654.980 02
De 1.000 et au-dessus	60.437	166.331.255	»	»	6.487	16.627.580	53.950	149.703.685	12 »	17.064.442 20
	819.266	367.056.069	531.911	101.357.374	47.243	30.698.695	230.110	232.000.000		24.117.755 87

La somme à répartir étant de. 27.840.880 38

Il resterait à payer par la Caisse municipale 3.723.133 51
Plus le montant des taxes personnelles 46.939 25

TOTAL. 4.770.022 76

En somme ronde : 4.771.000 francs.

Rapport présenté par M. Foussier, au nom de la Commission du budget, sur la portion de la contribution personnelle et mobilière à prélever sur les produits de l'octroi. (Dépenses, chap. II, art. 3, page 180.)

21 novembre 1888

L'examen du rapport de M. Foussier, en dehors d'une erreur d'addition de 500,000 francs que j'ai cru devoir relever, m'a suggéré une réflexion que je tiens à te soumettre. Je suis à me demander comment il se fait que le montant des taxes personnelles mis à la charge de la Caisse municipale ne puisse s'élever qu'à 46,959 fr. 25 c., lorsque d'après mon calcul, en me guidant sur le rapport si complet de M. Alfred Lamouroux, il atteindrait le chiffre de 540,247 fr. 50 c.

Je cite textuellement : « On sait qu'à Paris, d'après la
» loi de 1846, dès que l'on exempte certains contribuables
» d'une partie de leur taxe au moyen de l'Octroi, c'est
» encore ce dernier qui doit payer la cote personnelle; ce
» qui fait que la Caisse municipale acquitte les cotes person-
» nelles de tous les habitants imposables à la mobilière,
» c'est-à-dire payant plus de 500 francs de loyer réel, au-
» dessous de 500 francs, les locataires étant réputés indi-
» gents et ne payant ni cote mobilière, ni cote personnelle.
» Cette cote personnelle étant fixée au chiffre de 2 fr. 25 c.
» par habitant, on voit quelle charge supplémentaire il en
» résulte pour l'Octro'. »

Multipliant le nombre des habitants imposables qui s'élève à 240,110 par 2 fr. 25 c., montant de la cote personnelle, j'obtiens une somme de 540,247 fr. 50 c. que je ferai figurer au compte Octroi, — défalcation faite de celle de 46,959 fr. 25 c. soit 493,288 fr. 25 c., sauf erreur ou omission.

BOISSONS

TAXE DE 12 0/0 DITE DE REMPLACEMENT
SUR LA VALEUR LOCATIVE DES LOCAUX
CONSACRÉS AUX DIVERSES INDUSTRIES SUJETTES AUX DROITS D'OCTROI

Je disais plus haut que, parmi les revenus de la ville de Paris, les produits de l'Octroi tenaient le premier rang; je dirai actuellement qu'au point de vue des recettes, le produit des droits d'octroi sur les boissons s'élevant à 62,655,980 francs suivant le tableau ci-contre, arrive fort bon premier.

Relevé comparatif des Recettes de la Ville de Paris de 1880 à 1887.

CHAPITRES	PARAGRAPHES	ARTICLES	NATURE DES RECETTES d'après LA NOMENCLATURE DU BUDGET 1887	1880	1881	1882	1883	1884	1885	1886	1887	OBSERVATIONS
3			CHAPITRE III — OCTROI — PRODUIT DE DROITS D'OCTROI									
	1		*BOISSONS*									
		1	Vins en cercles et en bouteilles	51.224.224 90	53.810.987 42	51.864.290 42	50.107.486 66	58.664.258 43	46.836.124 56	46.034.060 53	45.539.217 90	
		2	Alcools purs et liqueurs, alcool par contenu dans les vins alcoolisés	10.343.303 50	11.644.482 88	14.820.161 27	14.609.211 14	11.811.587 91	11.433.040 89	14.620.808 14	11.549.600 30	
		3	Cidres, Poirés, Hydromels à l'entrée et à la fabrication	233.026 91	225.380 20	468.493 39	551.828 »	1.231.302 40	1.042.400 96	1.198.271 70	702.296 »	
		4	Droits sur les manquants	806 89	600 »	»	»	»	»	»	»	
			Total des boissons	62.003.562 20	65.678.450 50	64.132.946 98	62.268.925 80	61.707.138 74	59.311.566 41	58.873.140 37	57.761.214 20	
	2	5	Alcools dénaturés	100.011 10	94.945 14	103.775 93	109.477 96	126.261 24	132.232 88	141.854 24	172.463 20	
	2		*LIQUIDES*									
		6	Vinaigres, Acide acétique cristallisé, Conserves au vinaigre, Lie de vin, Verjus, Sureau	812.022 01	896.730 02	905.658 69	866.301 28	886.461 54	776.746 96	817.915 48	7770.32 22	
		8	Bière à l'entrée et à la fabrication	3.193.523 10	4.344.888 83	4.483.468 73	4.785.121 55	4.330.777 45	3.993.718 03	4.083.084 60	3.943.270 68	
				67.109.130 41	71.485.014 51	69.647.850 23	67.979.126 59	67.070.628 97	64.213.814 30	63.915.994 69	62.655.980 41	

Il m'a semblé, dès lors, que je devais au commerce des boissons l'honneur de la première application de la taxe de 12 0/0 dite de remplacement sur la valeur locative des locaux consacrés aux industries sujettes aux droits d'octroi. Mais avant d'entrer dans les développements de cette démonstration, je crois devoir t'expliquer la cause de la différence assez sensible entre les recettes de 1880 et celles de 1887, qui a eu pour résultat de constituer la Caisse municipale en perte annuelle de 6,500,000 francs environ.

Cette diminution dans les recettes ne provient pas du ralentissement de la consommation, il est le résultat de l'abaissement du droit d'octroi.

La loi du 19 juillet 1880 en diminuant des deux tiers les droits d'entrée et de circulation sur les vins et en soumettant les vins en bouteilles aux mêmes taxes que les vins en cercles, enfin en abaissant de 18 à 12 fr. 50 c. le droit à la vente en détail, eut pour conséquence de constituer le Trésor en pure perte de 55 à 60 millions, sans bénéfice apparent pour les classes laborieuses et la propriété, mais par contre au profit des classes aisées et des intermédiaires; cette loi fut aussi néfaste aux intérêts de la Ville qu'elle l'avait été à ceux du Trésor. En effet, le Conseil municipal de Paris, mû par le désir de venir également en aide aux classes ouvrières, poussé en outre par l'opinion publique, crut devoir suivre l'exemple donné par nos députés et, par délibération en date du 11 décembre 1880, il ramena les droits d'octroi sur les vins de 12 à 10 fr. 62 c.; ceux sur les cidres de 4 fr. 56 c. à 4 francs, et ceux sur les vins en bouteilles de 30 à 19 fr. 38 c. Ces diminutions constituèrent dès lors la ville de Paris en pure perte de 6,434,806 fr. 65 c. comme en fait foi le tableau ci-après:

Dégrèvement des liquides applicable
depuis le 1er janvier 1881.

(Délibération du Conseil municipal en date du 11 décembre 1880.)

Savoir :

Diminution sur les vins : 1 fr. 38 c., soit 10 fr. 62 c.
au lieu de 12 francs.   4.391.153 hectol. × 1 fr. 38 c. = 6.059.791 44
Diminution sur les cidres : 0 fr. 56 c., soit 4 francs
au lieu de 4 fr. 56 c. . . . .   55.030 × 0.56 = 30.816 80
Diminution sur les vins en bouteilles : 19 fr. 38 c., soit
10 fr. 62 c. au lieu de 30 francs.   17.745 × 19.38 = 343.898 10
6.434.506 04

Les effets de la loi du 19 janvier 1880 et ceux de la délibération du Conseil municipal de la ville de Paris du 11 décembre même année, ne m'ont jamais surpris, ils étaient écrits.

J'ai toujours considéré, au point de vue de l'efficacité des dégrèvements, ces diminutions de taxes sur les droits d'octroi et d'entrées pour les vins (3 fr. 25 c. par l'État et 1 fr. 35 c. par le Conseil municipal) comme la pièce du couvreur mise à côté du trou. Quand on veut faire un dégrèvement on taille dans le vif : un sou ne se coupe pas en deux, on le met dans sa poche.

TAXE DE 12 0/0 DITE DE REMPLACEMENT

SUR LA VALEUR LOCATIVE DES LOCAUX

CONSACRÉS AU COMMERCE DES BOISSONS DANS PARIS

En reconnaissance des avantages multiples que la suppression des octrois, suivie de près par l'avènement de la liberté commerciale, rendra au commerce en gros et en détail des boissons de la capitale, j'ai pensé que je pouvais sans crainte demander à différents éléments de cette classe industrielle une légère contribution. Cette contribution de 12 0/0, connue déjà sous la dénomination de taxe dite de remplacement frappant la valeur locative des divers locaux consacrés au commerce des liquides, déversera annuellement dans les caisses de la ville de Paris une somme de 24,689,352 fr. 70 c., suivant les détails ci-après.

LES NÉGOCIANTS EN VINS ET SPIRITUEUX

DES ENTREPÔTS DE BERCY ET DU QUAI SAINT-BERNARD

Les négociants en vins et spiritueux des entrepôts de Bercy et du quai Saint-Bernard sont à l'alimentation de la ville de Paris en ce qui concerne les boissons, ce que les grandes artères connues sous la dénomination de boulevards sont à la circulation des habitants de la grande cité. Je te demanderai donc, cher ami, l'autorisation d'attirer en première ligne ton attention sur cette phalange d'industriels laborieux.

Le nombre des négociants en vins et spiritueux, tant à l'entrepôt de Bercy qu'à celui du quai Saint-Bernard, s'élève au chiffre de 810, savoir 460 pour le premier et 350 pour le second (1).

Je ne connais pas le chiffre d'affaires de chaque maison, ni l'importance des loyers payés par chacune d'elles; mais qu'il te suffise de savoir que les négociants de Bercy et du quai Saint-Bernard versent annuellement dans les caisses municipales, pour l'introduction des liquides livrés à la consommation intérieure, une somme de 80,000,000, se décomposant comme suit : entrepôt de Bercy, 45,000,000 ;

---

(1) J'ai fait demander ces renseignements à la direction de Bercy. Ils m'ont été refusés.

entrepôt du quai Saint-Bernard, 35,000,000, et ce conformément au tableau ci-dessous :

ÉTAT RÉCAPITULATIF DES DROITS CONSTATÉS PAR CHAPITRE DE PERCEPTION ET PAR BUREAU DE RECETTE

		Boissons.	Alcools dénaturés.
Entrepôt général du quai Saint-Ber-nard.	Vin.	11.846.298.45	
	Alcools..	4.212.769.83	46.413.63
		16.059.068.28	16.059.068.28
		Fr. 16.105.481.91	

	Boissons.
Bercy . . . Entrepôt principal de Bercy.	14.112.423.89
Entrepôt principal du Petit-Château.	6.349.313.31
Bureau central.	14.895.39
	20.476.632.59

Total général	Quai Saint-Bernard . 16.105.481.91	36.582.114.50
	Bercy. 20.476.632.59	

Les négociants des entrepôts du quai Saint-Bernard et
de Bercy décaissent donc annuellement pour les droits d'octroi une somme de 36,582,104 fr. 50 c. environ. Cette
somme, il est vrai, est aujourd'hui un peu amoindrie par
suite de l'abaissement des droits sur les vins, mais ce serait commettre une erreur de croire que le chiffre donné
par ce tableau représente d'une manière exacte celle que le
commerce paie, en ce sens, que les droits que le négociant
est tenu d'acquitter sur les vins, à leur introduction dans
Paris, se composent de deux droits d'une valeur à peu près
égale, un droit d'entrée et un droit d'octroi, perçus l'un au
profit de l'État, l'autre au profit de la ville, de sorte qu'en
réalité, les sommes décaissées par ces négociants pour les
vins seulement, atteignent à peu de chose près le chiffre de
65,000,000. Je ferai en outre remarquer que la somme
de 4,212,769 fr. 83 c. qui figure au compte des alcools de
l'entrepôt général n'est que le tiers à peine de celle que je
devrais admettre, car la part afférente à la ville de Paris,

dans les droits sur les spiritueux, s'élevant à 266 fr. 05 c., n'est que de 79 fr. 80 c. Je tiens également à te signaler qu'il m'a été de toute impossibilité de me rendre un compte exact des quantités d'alcools sorties de l'entrepôt de Bercy, ni des sommes déboursées pour leur introduction, le tableau que j'ai sous les yeux n'ayant point établi, pour les alcools de Bercy, la distinction qu'il a faite pour ceux de l'Entrepôt général du quai Saint-Bernard. J'aurais pu, m'objecteras-tu, faire une démarche auprès de l'administration supérieure pour obtenir tous les renseignements voulus. Je m'en suis bien gardé, ne voulant pas éprouver un second refus. Dans tous les cas, je suis fort étonné que l'on ne fasse pas pour l'entrepôt de Bercy un tableau aussi explicatif que celui qui a été dressé pour l'entrepôt St-Bernard.

MM. les négociants des entrepôts de Bercy et du quai Saint-Bernard paient pour la location de leurs magasins une somme de 2,494,939 francs, se décomposant comme suit, savoir :

Entrepôt de Bercy 1.356.079 13
Entrepôt du quai St-Bernard .   1.135.262 16

suivant le tableau ci-contre.

COMPTE GÉNÉRAL DES RECETTES ET DES DÉPENSES
DE LA VILLE DE PARIS — EXERCICE 1879

ENTREPOTS

Location dans l'entrepôt de Bercy . . . . Fr.   1.200.000   »

Détail de la recette constatée.

	Loyers.	Charges.	Totaux.
Location au grand entrepôt .	826.313 70	1.677 05	827.990 75
» à l'entrepôt du Petit-Château	315.856 84	503 60	316.360 44
» à l'entrepôt Cabanis	105.477 38	152 20	105.629 38
» à l'entrepôt des Mâconnais	77.972 02	130 20	78.102 22
» à l'entrepôt Pajol .	27.941 04	55 30	27.996 34
	1.353.360 98	2.518 15	1.356.079 13

Locations dans l'entrepôt du quai Saint-Bernard. . Fr.　1.000.000　»

Détail de la recette.

Caves, celliers, trottoirs, hangars. . . . . Fr.	1.075.833 86
Chantiers	24.618 30
Bacs à alcools (adjudication du 18 juin 1877 pour 6 ans à dater du 18 juin 1877, moyennant le prix annuel de 15,260 francs)	15.260　»
Location d'emplacements occupés par les bureaux. . .	19.550　»
	1.135.262 16

Eh bien ! en ton âme et conscience, est-ce que, en compensation des risques disparus, de la perte d'intérêts conjurée, des frais de régie supprimés, je puis paraître trop exigeant en demandant à mes confrères une taxe de 12 0/0 sur la valeur locative de leurs magasins? Non, n'est-ce pas? Je m'empresse en conséquence de faire figurer à l'actif budgétaire de la ville de Paris, une somme de 299,032 fr. 70 c.

Ah ! il peut se faire que quelques-uns se plaignent, les commissionnaires en vins entre autres ; ils diront que, ne faisant pas d'affaires avec le marchand de vins en détail de la ville de Paris, mais bien avec le commerce de gros des vins et spiritueux seulement, ils n'ont point d'argent à avancer pour les droits, et que, dès lors, la prime que je demande leur paraît exagérée. Il faut écouter tout ce que l'on te dira, mon cher ami, et n'en prendre que ce que tu voudras bien. Le métier proprement dit de commissionnaire en vins et eaux-de-vie est aujourd'hui passé à l'état de mythe, et à part deux ou trois maisons dont je ne voudrais néanmoins point encore garantir d'une façon carrée l'exclusivité, je crois que le souffle de la liberté a, en 1848 et 1870, fustigé du même coup d'aile, et les rois, et les empereurs et les commissionnaires en vins et eaux-de-vie des entrepôts de Bercy et du quai Saint-Bernard.

Il peut, en outre, se faire, les 299,032 fr. 70 c. demandés frappant les emplacements occupés par des bureaux, que j'atteigne la corporation des courtiers-gourmets, mais cette atteinte est si légère, et ces messieurs sont de si bons enfants, qu'ils me la pardonneront facilement, et puis je reste convaincu qu'aucun d'eux ne pourra m'en vouloir.

INTÉRÊTS DE LA VILLE DE PARIS

Est-ce qu'au point de vue des intérêts pécuniaires de la ville de Paris, la solution proposée ne s'impose pas? Le problème de la reconstruction projetée et à courte échéance des entrepôts de Bercy, qui me paraît être aux finances de la Ville ce que les tentacules des pieuvres sont aux proies qu'elles enserrent, suffira seul à démontrer qu'elle a tout intérêt à aider à l'adoption de mon projet.

Le Conseil municipal a voté, il y a quelques années, sur les fonds de l'emprunt 1876, une somme de 44,500,000 francs pour couvrir toutes dépenses faites jusqu'à ce jour et pour celles que nécessiterait la construction projetée des deux entrepôts de Bercy, l'un pour les alcools et l'autre pour les vins.

De ce quantum fort respectable, il ne reste aujourd'hui disponible qu'une somme de 6,000,000 qui sera affectée spécialement et intégralement à la construction de l'entrepôt des alcools; et comme celle de l'entrepôt des vins, suivant toute probabilité, nécessitera une dépense minimum de 40,000,000, on devra recourir à un emprunt.

Je sais qu'il a germé dans l'esprit de nos édiles, justement préoccupés des conséquences de cet emprunt, une combinaison financière fort simple et toute naturelle au premier abord, qui consisterait à augmenter les loyers de 20 0/0, et que, dès lors, l'on viendrait dire : l'opération est parfaite puisque les intérêts de la somme empruntée se trouvent couverts par l'augmentation ci-dessus précitée.

Je ne suis ni devin ni prophète, cependant ce raisonnement me paraît tellement erroné que j'ose déclarer que nos édiles, dans la circonstance présente, lâcheraient la proie pour l'ombre et qu'ils deviendraient Gros-Jean comme devant. Car, si pour se couvrir de l'intérêt des sommes qu'elle aura affectées à la construction des entrepôts de Bercy, la ville de Paris élève le prix de ses loyers de 15 à 20 0/0, elle grèvera les marchandises de ses locataires de frais tels que celles-ci ne pourront plus supporter la concurrence de celles que présenteront les expéditeurs de l'extérieur et dès lors, apparaîtra comme un essaim d'abeilles quittant la ruche, une émigration de négociants, d'ouvriers, de femmes et d'enfants, allant porter leurs pénates au delà de l'enceinte.

Par contre, j'appellerai ton attention sur les avantages que la ville de Paris serait en droit d'espérer, le jour où recouvrant sa liberté d'action, par l'abrogation de la loi du 28 avril 1846, elle pourrait disposer, comme bon lui semblera, de tous ces immeubles qui, actuellement, ne lui causent que des ennuis, tout en lui imposant d'énormes sacrifices.

Selon moi, et je n'hésite pas à le déclarer hautement, l'abrogation de la loi du 28 avril 1846 est le nœud gordien du problème que nos édiles ont à résoudre; aussi confiant dans le souffle qui fait actuellement vibrer les fibres libérales des représentants du suffrage universel, je me sens autorisé à espérer pouvoir saluer d'ici peu, l'abrogation de cette loi surannée. Souviens-toi que de ce jour-là la grande cité verra figurer à son actif, non une somme de 40 millions pour non-exécution des travaux imposés, mais bien celle de.... que je n'ose fixer, laissant à d'autres le plaisir de l'évaluer, et résultant de la vente dans lesdits entrepôts et tout particulièrement dans celui de Bercy, des terrains pour la plupart inoccupés et dont la disparition ne gênerait en quoi que ce soit l'harmonie de cet important commerce Aussi me contenterai-je très modestement de l'intérêt à 5 0/0 dûment acquis sur la somme de 40,000,000 et laisserai-je figurer comme mémoire celle qui pourrait résulter de la vente desdits terrains.

Soit à l'actif de la Ville. . .   2.000.000
Vente des terrains. . . . .   Mémoire.

Tu m'objecteras peut-être que je donne à cette palpitante question de Bercy une solution qui ne manquera pas d'être controversée et attaquée. Oui, elle le sera incontestablement ; je m'y attends, mais ne crains rien. Les négociants en vins et spiritueux des entrepôts de Paris sont soucieux de leurs intérêts et ont soif d'indépendance. Ils accepteront avec reconnaissance la solution que j'ai l'honneur de te proposer, comme étant la sauvegarde indéniable de leurs intérêts les plus chers, et ils salueront avec respect l'avènement de la liberté commerciale qui aura enfin fait acte de virilité en secouant le joug de ces multiples entraves qui nous reportent à deux siècles en arrière. Quant à se désagréger, à s'expatrier, ils en auront bien garde ; en cela ils ne feront que suivre l'exemple de leurs confrères les négociants en cuirs, etc.

Et puis, si poussés par un faux calcul, ils faisaient autrement, la ville de Paris aurait-elle à s'en plaindre ? Je ne le pense pas.

CHAMBRE DE COMMERCE DE PARIS

RELEVÉ SPÉCIAL DE PARIS EN 1886

Le budget de la ville de Paris, comme tu as pu le remarquer, m'a été d'un grand secours pour traiter la question des négociants en vins et spiritueux des entrepôts de Bercy et du quai Saint-Bernard, mais je devais frapper à une autre porte pour obtenir les renseignements voulus sur les autres industries ayant, comme je te l'ai dit, des affinités avec le commerce des boissons; dans cette occurence, j'ai cru que je ne pouvais mieux faire que de consulter l'enquête sur les conditions du travail en France pendant l'année 1872, confiée aux soins intelligents de la Chambre de commerce de Paris, et le relevé spécial des professions à Paris en 1886. Je prends donc la liberté de te soumettre le tableau ci-contre, donnant une récapitulation fidèle, autant que je puisse le croire, des divers établissements qui concourent à l'alimentation des habitants de la noble cité.

ENQUÊTE SUR LES CONDITIONS DU TRAVAIL EN FRANCE PENDANT L'ANNÉE 1872

1ᵉʳ Groupe. — Alimentation.

Fᵒ 66.

Brasseurs. — Brasseurs et préparateurs de malt.	22
Distillateurs. — Fabricants de liqueurs, de sirops, et préparations de fruits conservés à l'eau-de-vie.	180
Épiciers. — Épiciers vendant en détail toute espèce de denrées et boissons; épiciers fabriquant en petite quantité les chocolats, confitures, conserves alimentaires, encres, cirages, couleurs, etc.	6.723

Fruitiers. — Marchands de fruits, liqueurs, herbes cuites, beurre, œufs, fromages 2.000

Limonadiers. — Limonadiers, glaciers et débitants de bières. 2.364

Liquoristes. — Marchands vendant en détail des liqueurs, des sirops, des fruits conservés, etc. 451

Vinaigriers et moutardiers. — Fabricants de moutarde, préparation de cornichons et autres conserves au vinaigre. 53

Restaurateurs. — Restaurants, tables d'hôte, restaurants des hôtels, marchands de vins-traiteurs (pour la part afférente au restaurant), restaurants dits bouillons et crémeries. 6.000

Vins. — Marchands de vins en détail sur le comptoir et à la bouteille 19.653

   Fº 108.

Parfumeurs. — Fabricants de savons, de parfums, de cosmétiques, de pommades, d'eaux et de vinaigres de toilette. 235

   Fº 152.

Hôtels. — Appartements meublés et garnis, etc. 9.228

   Fº 154.

Bals, concerts publics et cafés-concerts 90

Charbonniers. 2.500

Brasseries 500

Pharmacies 1.681

Entrepositaires de cidres . . . . Mémoire.

BRASSEURS ET PRÉPARATEURS DE MALT

A côté et parallèlement au commerce en gros des vins et spiritueux des entrepôts de Bercy et du quai Saint-Bernard se déroule également un collecteur dont le diamètre, quoique moins volumineux, n'en déverse pas moins dans la grande cité un quantum fort respectable d'une boisson alimentaire rendant aux classes laborieuses et aisées, un service noblement goûté et justement apprécié : j'ai dénommé MM. les brasseurs de Paris.

La consommation de la bière a pris beaucoup d'importance à Paris depuis la création de nombreux estaminets, cafés-chantants et brasseries qui se sont ouverts pendant ces dernières années; elle a fourni au budget de la ville de Paris, en 1879, une somme de 3,354,766 fr. 25 c., montant des droits de 15 francs (1) par hectolitre sur une quantité de 223,651 hectol. 09 se décomposant comme suit :

		Hectolitres.	Francs.
Bière	à l'entrée de Paris	210.290 32 =	3.154.354 70
	à la fabrication.	13.360 77 =	200.411 55

Il ressort de ce tableau que les bières fabriquées par les brasseurs de Paris n'entrent que pour un seizième dans la consommation de cette boisson.

Quoique je n'aie pas à rechercher les causes de l'infériorité de la Brasserie parisienne au point de vue des quantités de bières livrées à la consommation, je ne veux cependant pas quitter cette industrie pour passer à une autre, sans te dire que je n'ai pu envisager d'un œil indifférent la situation quasi précaire de MM. les brasseurs de la ville de Paris, dont le nombre s'élevait en 1860 à 43, et qui ne figurent plus sur l'enquête 1872 que pour 22. Que, sous le coup de cette préoccupation, et désireux de rester fidèle au principe de l'égalité devant l'impôt, j'ai tenu à connaître les provenances et le *modus* de livraison des 220,000 hectolitres de bières, venant de l'extérieur, dans l'espoir fort légitime d'en tirer un utile enseignement, et un profit équitable. Souffre donc que j'appelle ta bienveillante attention sur les lignes suivantes qui auront pour but de t'exposer les causes de l'infériorité de la Brasserie parisienne, les recherches que j'ai faites sur les provenances des diverses bières introduites dans la ville de Paris, puis ensuite de te faire ressortir les sommes que nos édiles seraient autorisés à faire figurer à l'avoir du budget municipal, par l'application aux brasseurs et entrepositaires de bière du système de la taxe de 12 0/0, dite de remplacement.

---

(1) La bière, en dehors du droit de 15 francs, paie pour le compte du Trésor un droit de 3 fr. 75 c.

CAUSES DE L'INFÉRIORITÉ DE LA BRASSERIE PARISIENNE

Avant de t'exposer les causes de l'infériorité de la Brasserie parisienne, je suis heureux de t'apprendre que la quantité de bière vendue par MM. les brasseurs de Paris, spécialement à la classe ouvrière, est beaucoup plus considérable que celle que les données officielles révèlent, en ce sens que les brasseurs dédoublent les fortes bières après fabrication terminée.

Quant aux causes diverses de cette infériorité, les deux suivantes tenaient le premier rang. Je dis « tenaient », car l'une d'elles, comme tu le verras, a disparu en 1878 :

Il y a vingt ans environ, la Brasserie parisienne, aux prises avec les caprices de la mode qui délaissait les bières dites de pays, ou bières de Mars, ou bien encore du Nord, pour se porter de préférence sur les bières de Strasbourg, de Bavière, de Vienne, dont les fermentations sont réglées par l'emploi de la glace, s'est vue arrêtée dans la lutte qu'elle allait essayer de soutenir contre la concurrence étrangère, par le droit de 6 francs pour 100 kilogrammes qui vint frapper la glace à son introduction dans Paris. Dès lors, de 1860 à 1869, sa production de 168,000 hectolitres tombait à 45,000, tandis que l'importation, se substituant à elle, s'élevait de 164,000 à 290,000 hectolitres. Mais ce droit ayant été supprimé en 1878, MM. les brasseurs de Paris constatent le bienfait de ce dégrèvement par une augmentation sensible dans l'écoulement des produits fabriqués.

Entre autres griefs articulés par MM. les brasseurs de Paris et que ceux-ci considèrent comme une cause de l'amoindrissement de leur industrie, se présente la réglementation financière de la ville de Paris. Ils disent que, ne pouvant exporter leurs bières au dehors de la ville, en restitution de droits, ils sont ainsi exposés à une concurrence, à laquelle ils ne sauraient répondre. Il y a du vrai dans cette allégation, mais ici-bas on ne peut satisfaire tout le monde et son père, et ces honorables industriels me permettront de leur répondre, que s'ils subissent la concurrence étrangère, par contre ils sont les seuls maîtres de la place de Paris pour la vente de la petite bière.

Quel est le seul moyen de mettre tout ce monde d'accord, si ce n'est la................ ? je ne te le dirai pas, je te le laisse à deviner.

Cependant si j'avais un vœu à émettre en faveur des brasseurs de Paris, je demanderais que le mode de surveillance adopté par la régie, en exécution de la loi de 1816, fût un peu plus large, de manière à ne pas les gêner dans le secret des améliorations qu'ils pourraient apporter dans la fabrication de leurs produits.

NOMBRE DES BRASSEURS ET VALEUR LOCATIVE DES ÉTABLISSEMENTS

Le nombre des brasseurs de Paris s'élevait, en 1872, suivant l'enquête de cette époque, au chiffre de 22, et ne serait plus, d'après renseignements pris, que de 17. Or, multipliant ce nombre par 12,000 francs, valeur moyenne donnée aux divers établissements, on obtiendrait une somme de 204,000 francs qui, frappée de la taxe de 12 0/0, produirait un revenu de 24,480 francs.

DE LA PROVENANCE DES BIÈRES INTRODUITES DANS PARIS

Les 220,000 hectolitres de bières livrées à la consommation des habitants de la capitale, n'arrivent point aux portes de la cité dans un sac, ni même dans un tube comme nos dépêches télégraphiques ; ils y sont apportés en grande

partie par les voies ferrées ; car des diverses brasseries
importantes qui existaient dans le département de la Seine,
entre autres celles d'Ivry, d'Arcueil, d'Issy, de Sèvres, de
Puteaux, deux, peut-être trois seulement, continuent à expédier aux Parisiens des bières dont la quantité est évaluée à
8 ou 10,000 hectolitres au maximum.

Le surplus de ces bières, c'est-à-dire 210,000 hectolitres,
provenant de l'étranger, est expédié en gares de nos chemins de fer et tenu à la disposition d'agents connus sous
la dénomination d'entrepositaires de bières. Ces agents,
conformément aux traités passés avec les maisons expédi-
trices, se chargent de la livraison des bières, ainsi que de
l'encaissement des factures.

Doués d'un tempérament robuste n'ayant d'égal qu'une
facilité d'absorption incommensurable, d'une ténacité
extrême en affaires, et poussés par une activité rare et
dévorante, secondés en outre par la qualité des bières
offertes à la vente, ces intermédiaires n'ont point tardé à
accaparer la clientèle des limonadiers et des brasseries,
aussi leur prospérité est-elle toujours croissante. Mais il est
un fait qui m'a vivement impressionné et que je ne saurais
te taire, c'est que les bières provenant de notre chère Alsace
ont éprouvé une décroissance sensible et sont remplacées
par celles de l'Allemagne proprement dite, Berlin, Brême,
Dortmund, Munich, Nuremberg, et de Vienne (Autriche).

DU NOMBRE DES ENTREPOSITAIRES DE BIÈRES
ET DE LA VALEUR LOCATIVE DE LEURS ÉTABLISSEMENTS

J'ai constaté une divergence assez sensible dans les divers
renseignements fournis tant sur le nombre des entrepositaires de bières, que sur la valeur locative de leurs établissements : suivant les uns, il n'y aurait à Paris que 23 à 25
entrepositaires de bières disposant d'établissements ayant

une valeur locative de 4,000 francs en moyenne, et, suivant
les autres, je pourrais sans crainte t'en énumérer cinquante
avec une valeur locative de 6,000 francs en moyenne ;
toutefois on s'accorde à reconnaître, que parmi ces maisons,
il y en a trois ou quatre dont la valeur locative industrielle
s'élèverait au minimum à 10,000 francs en moyenne. Car il
est bon que tu saches que MM. les entrepositaires ont, les
uns, deux à trois voitures, les autres huit et même dix, pour
effectuer les livraisons des bières chez leurs clients, et je
te laisse juge de l'importance des locaux nécessaires pour
loger chevaux, voitures, etc., et permettre en outre l'installation de bureaux.

Que devais-je faire en pareille occurence, si ce n'est de
couper la part en deux et de dire qu'il existe à Paris 38
entrepositaires de bières dont 19 paient une valeur locative
industrielle de 4,000 francs en moyenne, et les 19 autres
celle de 10,000 francs. Le total de ces valeurs locatives
frappé de la taxe de 12 0/0, procurera à la ville de Paris
un revenu annuel de 31,920 francs, soit :

$$19 \times 4,000 = 76,000$$
$$19 \times 10,000 = 190,000$$
$$266,000 \times 12\ 0/0 = 31,920 \text{ francs.}$$

DISTILLATEURS DE PARIS

Si jamais transformation commerciale heureuse s'est pro-
duite dans le *modus vivendi*, dans les agissements d'une
industrie ayant des rapports directs avec le commerce des
boissons de la capitale, MM. les fabricants de sirops et
liqueurs de la ville de Paris peuvent à juste titre en revendiquer l'honneur. Tu vas en juger.

Historique. — L'art de distiller le vin pour en retirer
l'esprit ou l'alcool a longtemps été conservé comme un

secret par les alchimistes du moyen âge. Arnault de Ville-
neuve, dans la seconde moitié du xve siècle, et après lui
Raymond Lulle, son élève, vulgarisèrent les procédés par
lesquels on obtenait l'alcool et recommandèrent l'emploi,
dans la médecine, du produit que ses propriétés cordiales
firent appeler eau-de-vie. L'eau-de-vie, regardée dans le
principe comme un produit pharmaceutique, et vendue à
l'état de médicament par les apothicaires, ne devint que par
la suite une boisson d'agrément.

En 1514, les distillateurs furent autorisés à former une
communauté avec les vinaigriers ; vingt ans après, une autre
communauté fut constituée sous la dénomination de « Distillateurs et faiseurs d'eau-de-vie et d'eau-forte ». Plus tard,
dans le but d'arrêter l'altération des monnaies d'or et
d'argent, un arrêt de la cour des Monnaies, en date du
5 avril 1639, établit en corps de jurande la communauté
des « Distillateurs d'eaux-fortes, eaux-de-vie et autres eaux,
huiles, esprits et essences », et lui donne des statuts nouveaux. Enfin les limonadiers marchands d'eau-de-vie ayant
été érigés en communauté en 1673, les distillateurs leur
furent adjoints, sur leur demande, et se trouvèrent par-
tager les vicissitudes de la communauté des limonadiers,
qui supprimée à deux reprises, d'abord en 1704, puis en 1706
pour faire place à des privilèges héréditaires, ne fut définitivement organisée qu'en 1716.

Depuis longtemps déjà, des distinctions notables s'étaient
établies entre les distillateurs d'eaux-fortes et les distillateurs d'eaux-de-vie ; un arrêt de l'année 1740 défendit for-
mellement aux distillateurs-limonadiers de s'immiscer dans
aucune opération appartenant à la chimie, et accomplit
ainsi une séparation complète entre les distillateurs et les
fabricants de produits chimiques. Au moment de la Révolution, les distillateurs faisaient corps depuis 1776 avec les
limonadiers et les vinaigriers.

Les procédés employés au xviiie siècle étaient encore longs
et coûteux. Les progrès de l'art du distillateur coïncidèrent

avec les libertés que la Révolution vint donner à l'industrie. Déjà en 1780, Argan avait trouvé le moyen de faire une distillation continue à l'aide de l'appareil qu'il appelait *chauffe-vin*. En 1800, l'invention d'Edmond Adam, à qui la ville de Montpellier a élevé une statue, permit d'obtenir l'alcool à tous les degrés de concentration exigée par le commerce. Les améliorations successives apportées à la méthode de ce savant ont eu pour résultat de perfectionner la distillation continue, d'économiser du temps et des frais de combustible, de faire disparaître certains inconvénients nuisibles à la qualité des produits, et même d'écarter les dangers que pouvaient offrir les anciens appareils.

Le vin, la bière, le cidre, les mélasses, les pommes de terre, les grains, les betteraves, sont les matières premières les plus généralement employées dans la préparation des alcools ; toutefois on a souvent essayé d'appliquer à cette fabrication diverses autres substances, telles que les cerises, les prunes, la canne à sucre, le sorgho, l'asphodèle, les baies de sureau, les carottes, les navets, le maïs, etc.

La distillation de Paris, régie par la loi sur les boissons du 18 avril 1816, ne peut distiller de matières premières pour en extraire des alcools, elle est tenue d'acheter ses esprits et après avoir acquitté les droits d'entrée et d'octroi, elle peut les utiliser pour la fabrication de toute espèce de liqueurs, de sirops, de conserves et dans la préparation des fruits à l'eau-de-vie, au rhum, au sirop, et au sirop alcoolisé, tels que : cerises, prunes, oranges vertes ou chinois, pêches, poires, etc., ainsi que dans la fabrication de l'absinthe, l'eau de fleurs d'oranger et différents produits hygiéniques.

La législation des boissons étant aujourd'hui ce qu'elle était il y a soixante-quinze ans, tu te demanderas sans doute quel est *l'événement*, ce qui a pu provoquer l'heureuse transformation commerciale dans l'industrie des distillateurs de Paris, que je t'ai signalée plus haut. Je te dois une explication, je vais essayer de la rendre claire et intelligible.

La législation, me diras-tu, est la même ; oui, c'est vrai,

le te l'accorde, mais docile et soumise aux intérêts particuliers du Trésor, elle ne lui a marchandé ni son concours
ni sa générosité, et de cet élan excessif, de cette générosité
poussée à l'extrême, date l'avènement de l'extension commerciale de la distillation de Paris, au grand détriment des
négociants des entrepôts de Bercy et du quai Saint-Bernard.

Le tableau ci-dessous te facilitera la démonstration du fait
économique, dont j'ai l'honneur de t'entretenir :

TAXE DE REMPLACEMENT

Boissons. — Alcools.

PARIS

1830.	84.80	l'hectolitre.
1855.	107.40	—
1860.	137.50	—
1871.	197.40	—
1871.	249 »	—
1872.	258.60	—
1873.	266.05	—

Il t'est facile de comprendre, qu'en raison des droits
excessifs perçus sur les alcools, bon nombre de petits marchands de vins en détail, reculent devant l'achat d'eaux-de-
vie en fûts et préfèrent les acheter au litre, au jour le
jour et suivant les besoins de la consommation, une légère
facture étant toujours plus facile à payer que celle d'une
somme assez ronde. Dès ce jour cette petite clientèle glissa
dans le giron de la distillation.

Là ne devait pas s'arrêter la veine de bonheur que, depuis
vingt ans, la distillation de Paris exploite avec tant de succès.
La loi du 31 décembre 1873, élevant à 328,55 la taxe de
remplacement pour les liqueurs, les fruits à l'eau-de-vie,
les absinthes sans distinction de degré, vint couronner
l'œuvre. Nous assistâmes alors à ce déni fait à la liberté
commerciale, toute la distillation française à genoux devant

la distillation parisienne. Et dire que, malgré les avertissements nombreux, malgré les protestations s'élevant de toutes parts, il a fallu huit ans pour faire ouvrir les yeux à nos législateurs et nous donner la loi tant soit peu libérale du 19 juillet 1880, applicable depuis le 1er janvier 1881, par laquelle il n'est perçu sur les alcools, les absinthes et les liqueurs à leur introduction dans Paris que le droit afférent à leur richesse alcoolique.

Mais, vois comme l'humanité est faite ! elle s'habitue volontiers aux honneurs, aux jouissances, aux profits, elle ne sait, ni en descendre, ni s'en passer, ni les délaisser, quand même l'intérêt général l'ordonne et le commande. Exemple : MM. les distillateurs de Paris, qui trop oublieux des largesses octroyées par une législation à juste titre rapportée, et trop sensibles aux avantages de ces bénéfices inespérés, accusent ouvertement aujourd'hui le Gouvernement de vouloir sacrifier leurs intérêts en ne consentant pas à leur accorder, sur les liqueurs qu'ils auraient à expédier au dehors de la ville, la restitution des droits perçus sur les alcools employés dans la fabrication desdites liqueurs. Plus impétueux que leurs confrères, MM. les brasseurs de Paris, ils sont arrivés à faire prendre en considération par les représentants du suffrage universel, une demande d'admission temporaire pour tous spiritueux à destination de leurs établissements, sous le bénéfice de l'allocation d'un coulage de 7 0/0 l'an, et d'un délai de quatre à six mois, pour l'acquit des droits, sans préjudice de la restitution ci-dessus précitée, sinon l'expropriation de leurs établissements.

En vérité, si je l'osais, je te dirais que la thèse que j'ai l'honneur de te soumettre donnerait satisfaction à MM. les distillateurs de Paris, et trancherait cette question fort épineuse des admissions temporaires dont la solution n'est point sans inspirer de légitimes inquiétudes à M. le Ministre des Finances, ainsi qu'à M. le Directeur de l'Octroi, pour les intérêts placés sous leur sauvegarde.

Ne croyant pas, comme moi, à l'efficacité de cette thèse que je porte aux nues et que j'ai l'air de considérer comme une panacée universelle, je te vois d'ici rire de ma naïveté. J'en suis confus, je l'avoue, cependant souffre que je te dise que je ne déserterai pas le drapeau sous lequel je m'abrite, car il est l'emblème de la liberté commerciale.

DU NOMBRE DES DISTILLATEURS, DE LA VALEUR LOCATIVE DE LEURS ÉTABLISSEMENTS ET DU PRODUIT DE LA TAXE DE 12 0/0

Le nombre des distillateurs de Paris s'élève, d'après le tableau de l'enquête 1872, à 180.

Le chiffre d'affaires faites par ces négociants est fort respectable. Je ne saurais le préciser d'une manière exacte; il en sera de même du quantum des sommes décaissées pour acquitter les droits sur les trois-six employés dans la fabrication des liqueurs, de sirops, de l'absinthe, sans parler de ceux perçus sur les eaux-de-vie de diverses provenances, le rhum, le kirsch, et le vermout livrés à la clientèle soit en fûts, soit au litre. Mais tu reconnaîtras comme moi qu'elles doivent atteindre un beau chiffre lorsque tu sauras que plusieurs de ces industriels emploient annuellement pour la fabrication précitée, les uns de 100 à 150 pipes de trois-six, d'autres 150 à 200 pipes d'une contenance de 625 litres à 95 degrés, et que chaque hectolitre d'alcool paie 266 fr. 05 c. (1). Et étant donné que par l'adoption du système de l'impôt direct en remplacement de l'impôt indirect, qu'un hectolitre d'alcool d'industrie ne paierait pour tous droits que la somme de quatre-vingt-dix francs, je te laisse le soin d'estimer l'économie que MM. les distil-

---

(1) En distillation, les droits payés sur les alcools, les eaux-de-vie, les rhum, kirsch et liqueurs, représentent en général un tiers du chiffre d'affaires.

lateurs de Paris retireraient de cette modification apportée dans la taxation des droits sur les dites boissons.

La valeur locative des établissements de distillation est subordonnée à l'importance de la fabrication des liqueurs et au matériel de livraisons, tels que chevaux, voitures, camions, etc.; je l'estime à une moyenne de 14,000 francs.

Cette estimation sera-t-elle sérieusement affectée par quelques réclamations intéressées? je ne le suppose pas, car si je m'étais basé pour l'établir sur les valeurs locatives de certaines maisons de distillation, entre autres celles de MM. Doisteau, Pelpel, Cusenier, Legouay et Delbergue, Jouanne, Marchand frères, Brunet et Dulac, Duval, etc., j'aurais été amené à lui faire subir une augmentation assez sensible; dans cette circonstance, comme dans toute autre, j'ai tenu à faire une cote mal taillée. Or, multipliant la valeur locative 14,000 par 180, nombre des distillateurs, j'obtiens un produit de 2,520,000 qui procurera, par l'application de la taxe de 12 0/0, un revenu de 302,400 francs.

Je l'ai décrit, mon ami, dans un style plus ou moins correct, plus ou moins élégant, le fonctionnement des grands collecteurs des produits de la viticulture, de la distillerie et de la brasserie; il me reste à t'entretenir de leurs artères qui, sous des formes différentes, distribuent quotidiennement dans le sein de la capitale les boissons qu'elles se sont appropriées. Ces artères ne sont autres que MM. les limonadiers, les restaurateurs, les marchands de vins en détail, les épiciers, ayant les unes et les autres des ramifications que je saisirai au passage.

LES LIMONADIERS-GLACIERS ET DÉBITANTS DE BIÈRES

Historique. — Au fur et à mesure que l'usage du thé, du chocolat et du café se répandit en France, les débitants de liqueurs, de limonades, d'orangeades et de compositions de jus de fruits, d'ambre et de musc, connues autrefois sous le nom de sorbets, joignirent à leur commerce la vente des boissons nouvelles. Ces marchands obtinrent, en mars 1676, d'être érigés en communauté, sous le nom de limonadiers. Leur privilège comprenait, indépendamment de la vente des limonades, du café en grain, en poudre et en boisson, du thé et du chocolat, le débit des eaux-de-vie en gros et en détail. Ce double avantage engagea les distillateurs à solliciter leur réunion aux limonadiers, réunion qui se fit le 15 mai 1676.

Supprimée en 1704, comme « fort à la charge de la ferme générale des aides », la communauté des limonadiers, marchands d'eau-de-vie et autres liqueurs fut remplacée par 150 privilèges héréditaires. L'année suivante, un édit la rétablit moyennant une somme de 220,000 livres; un autre édit de 1706 l'abolit de nouveau pour créer encore 500 privilèges, et ce ne fut qu'en 1716 qu'elle fut définitivement réorganisée et réintégrée dans tous ses droits.

Dès ce moment, l'industrie des limonadiers se développa d'une manière constante ; les cabarets se virent désertés et le public prit l'habitude de se rendre dans les cafés, où il s'entretenait des événements et des questions du jour. C'est alors que plusieurs de ces établissements empruntèrent une physionomie particulière aux différentes sociétés qui les avaient adoptées comme lieu de réunion ; le plus célèbre de tous était le café Procope qui, fondé l'un des premiers, en 1690, vis-à-vis la Comédie-Française, devint, vers le milieu du XVIII⁰ siècle, le rendez-vous des écrivains les plus remarquables du temps et le théâtre de leurs discussions philosophiques et littéraires. Toutefois, vers la fin du siècle, les cafés étaient considérés comme des lieux consacrés à l'oisiveté, par suite de la facilité qu'on avait d'y entrer et d'y passer des journées entières sans consommer. On y parlait politique, on y lisait les gazettes et on y entendait déjà des musiciens montés sur les tréteaux ainsi que Mercier le rapporte dans son *Tableau de Paris*.

La Révolution trouve les limonadiers réunis aux vinaigriers depuis 1776. Ils avaient obtenu le droit de vendre de la bière, en compensation du dommage que devait leur causer la faculté accordée aux épiciers de tenir aussi le café en grain et en poudre. Ils pouvaient seuls servir à boire l'eau-de-vie et les liqueurs, partageaient avec les épiciers et pâtissiers la profession de confiseur et débitaient le cidre à l'exclusion des brasseurs.

Après la Révolution, le commerce des limonadiers se restreignit au débit du café, du thé et du chocolat à la tasse, de la bière et du cidre en bouteilles, de l'eau-de-vie, des liqueurs, du punch, des glaces, des sorbets, des limonades, sirops et tous autres rafraîchissements. Les troubles de la rue, plutôt favorables que nuisibles à cette industrie, ne firent qu'augmenter le nombre de consommateurs ; les diverses opinions politiques eurent à ce moment leur café d'élection, comme autrefois les partis littéraires. La propagation des journaux et l'installation des billards dans les cafés donnèrent un nouvel attrait à ces établissements; enfin, pour répondre à un besoin né des exigences de la vie publique et du mouvement des affaires, les limonadiers joignirent à leur commerce celui des déjeuners.

Aujourd'hui, les cafés peuvent se diviser en cafés, cafés-estaminets et cafés-chantants.

Les premiers, établis dans les quartiers luxueux, sur les boulevards, au centre des affaires, à l'encoignure des rues principales, près des établissements publics, sont pour la plupart cafés-restaurants; ils vivent tout à la fois et de leur clientèle et du passant, et sont occupés en grande partie par les nombreux voyageurs que les chemins de fer amènent journellement des départements et de l'étranger. Les estaminets, disséminés dans la ville, n'ont pour les alimenter, que leur clientèle, composée particulièrement de marchands, de commis, d'employés, d'étudiants, d'artistes, d'ouvriers, suivant les divers quartiers où ils sont placés : on y fume et on y joue au billard.

Les cafés-chantants sont des établissements d'un genre spécial, où le propriétaire recouvre les frais de chanteurs et d'orchestre en augmentant le prix ordinaire des consommations. Ces estaminets et cafés-chantants, si nombreux et variés dans leurs éléments de composition, reçoivent avec leurs habitués, des familles de petits bourgeois, d'employés, d'artisans, d'ouvriers, qui viennent y passer leur soirée.

L'industrie des limonadiers est une de celles qui prospèrent le plus à Paris. Elle est plus particulièrement concentrée dans les 1er, IIe, IIIe, IVe, IXe, Xe et XVIIIe arrondissements, et les quartiers où ces établissements font le plus d'affaires sont ceux des Halles, du Palais-Royal, Vivienne, des boulevards Montmartre, des Italiens et des Capucines, du faubourg Montmartre, de la Porte-Saint-Martin, de la Folie-Méricourt, des Grandes-Carrières et de la Villette, rive droite, et boulevards Saint-Michel et Saint-Germain, rive gauche.

En 1886, on a recensé 2,361 limonadiers-glaciers (1) occupant 4,698 employés, désignés ainsi qu'il suit : chefs, surveillants, garçons de salle, garçons de billard, fourniers, glaciers, sommeliers, verseurs, omnibus (garçons pour tout faire), officiers, aides, — ainsi qu'un certain nombre de femmes : dames de comptoir, lingères et filles de cuisine. Beaucoup d'établissements, les dimanches et fêtes, emploient, outre le personnel habituel, un supplément de garçons dits *extra*, dont il serait difficile de fixer le chiffre. Avec ce personnel, les 2,361 limonadiers font un chiffre d'affaires s'élevant à près de 150,000,000 de francs.

Si le prix des loyers d'habitation est le baromètre de l'aisance, celui des locaux consacrés à l'industrie peut être considéré comme l'indice certain du quantum de bénéfice prélevé sur le produit livré à la consommation ; or, ce quantum, dans le cas présent, ne doit pas être à dédaigner, car il doit suffire à des frais d'établissement et à des charges de loyers considérables.

Quelle est la moyenne, me diras-tu, des loyers payés par ces 2,361 établissements? Je n'hésite pas, d'après renseignements pris et communications faites, à élever cette moyenne à 6,000 francs.

Multipliant le nombre des limonadiers 2,361, par la moyenne de la valeur locative 6,000, le produit s'élèvera à 14,166,000 francs qui, frappé de la taxe de 12 0/0, permettra à la ville de Paris de faire figurer aux recettes de son budget la somme de 1,699,920 francs.

$$2,361 \times 6,000 = 14,166,000 \times 12\ 0/0 = 1,699,920.$$

BRASSERIES

Il a surgi à Paris, depuis quelques années seulement, une industrie qui doit sa prospérité aux charmes dont elle a su

---

(1) Ceux-ci ne figurent que pour 22.

s'entourer ; je veux parler de ces établissements de consommation connus sous la dénomination de brasseries, dans lesquels le consommateur est servi par la plus belle moitié du genre humain.

Je ne connais pas ces fleurs, et elles sont sans doute trop nouvellement écloses puisqu'elles ne figurent pas dans le catalogue si complet de la maison Vilmorin ; mais en attendant leur insertion, j'utilise les avantages qu'elles procurent aux patrons desdits établissements, en grevant ces industriels de la taxe de 12 0/0 et de ce chef, je trouve une somme de 300,000 francs que j'offrirai à la ville de Paris ; le nombre de ces établissements étant de 500 et la valeur moyenne des loyers de 5,000, soit $500 \times 5,000 = 2,500,000$, multipliés par 12 0/0 = 300,000 francs.

Nota. — En 1860 on avait recensé 2,499 limonadiers dont 20 glaciers et débitants de bière, et dans l'enquête de 1872, ils ne figurent que pour 1,560, j'ai pensé que je pouvais combler cette différence par le nombre 500 représentant à peu de chose près la quantité de brasseries dont le service est en partie fait par des femmes.

LES LIQUORISTES : MARCHANDS VENDANT AU DÉTAIL DES LIQUEURS, DES SIROPS, DES FRUITS CONSERVÉS

Historique. — La vente de l'eau-de-vie et des liqueurs était autrefois une des branches du commerce des limonadiers ; toutefois les maîtres limonadiers abandonnaient le menu détail de ces boissons à des marchands appelés rogomistes, auxquels les jurés louaient un certain nombre de privilèges dont ils disposaient. Les placiers, pauvres marchands qui étalaient au coin des rues, et les épiciers avaient le droit de vendre 'eau-de-vie au détail, mais en 1776, les limonadiers obtinrent le privilège exclusif de servir et donner à boire dans leurs boutiques, l'eau-de-vie et les liqueurs.

Après la Révolution, le débit des liqueurs se partagea entre les limonadiers, les marchands de vin, les marchands de tabacs et les épiciers. Les établissements spéciaux demeurèrent longtemps assez rares ; ils existaient seulement dans les quartiers populeux et principalement autour des Halles. Là se trouvait la fameuse maison Paul Niquet, où la police faisait des descentes. Dans ces établissements on consomme, généralement sur le comptoir, toute espèce de liqueurs : les fruits confits à l'eau-de-vie, le vermout, l'absinthe et autres boissons. Les débits de liqueurs sont appelés vulgairement « caboulots ».

Aujourd'hui les liquoristes occupent encore de préférence les quartiers des Halles, de Bonne-Nouvelle, des Arts-et-Métiers, de Saint-Merri, de Saint-Gervais, de la Sorbonne, de Saint-Vincent-de-Paul et de la Folie-Méricourt ; et ils figurent à l'enquête de 1872 pour un chiffre de 451.

Je ne sais si cette industrie est très prospère ; en tout cas, le nombre n'en augmente pas, tout au moins sous la dénomination de liquoriste. Or, multipliant ce nombre 451 par 2,000, moyenne des loyers, on arriverait en la frappant de la taxe de 12 0/0 à procurer à la ville de Paris un revenu annuel de 108,240 francs, soit $451 \times 2,000 = 902,000 \times 12\ 0/0 = 108,240$.

RESTAURATEURS : RESTAURANTS, TABLES D'HOTE, RESTAURANTS DES HOTELS, MARCHANDS DE VINS-TRAITEURS (POUR LA PART AFFÉRENTE AU RESTAURANT), RESTAURANTS DITS « BOUILLONS », ROTISSERIES ET CRÉMERIES

Historique. — Les maîtres-queux, cuisiniers et porte-chappes de la ville de Paris furent érigés en communauté par Henri IV, en 1599. Louis XIII et Louis XIV confirmèrent leurs statuts en 1612 et 1645.

Les cuisiniers traiteurs avaient le privilège des festins,

noces, banquets, collations et ambigus, tant dans les maisons royales que chez les particuliers. Les maîtres pâtissiers, rôtisseurs, charcutiers, cabaretiers, qui donnaient à manger « ne pouvaient entreprendre sur la possession des traiteurs, dans leurs maisons ou autres lieux, qu'en ce qui concernait leur propre métier. »

Des contestations fréquentes s'élevèrent entre les traiteurs, les rôtisseurs et surtout les cabaretiers ; quel que fut le privilège de cuisine appartenant aux traiteurs, les cabaretiers étaient les véritables restaurateurs du temps ; c'était chez eux que l'on venait dîner et que se donnaient les rendez-vous d'affaires et de galanterie. Sous la Fronde, les gentilshommes des deux partis se rendaient au cabaret, et les mémoires du temps nous montrent Mme de Montbazon, Mme de Longueville et le duc de Beaufort, parmi les personnages de la cour qui fréquentaient le cabaret Renard, le traiteur en vogue du jardin des Tuileries.

Sous Louis XIV, les cabarets se multiplièrent, non seulement à Paris, mais dans les environs, à Saint-Cloud, Vaugirard et Passy. Les financiers dînaient au cabaret de *La Boisselière*, près du Louvre, ou à *l'Écharpe*, au Marais ; les poètes et les littérateurs au *Mouton Blanc*, près du cimetière Saint-Jean, et à *La Pomme de Pin*, rue de la Licorne ; les magistrats à *la Tête Noire*, près du Palais ; l'Université à *l'Écu d'Argent* ; les comédiens aux *Bons Enfants* et à *l'Alliance*, etc.

Au temps de la Régence et sous le règne de Louis XV les mêmes mœurs se conservèrent : on allait indifféremment boire ou dîner au cabaret ; mais le nombre toujours croissant des cafés, où l'on pouvait entrer et s'installer sans consommer, commençait à faire perdre cet usage. Les derniers établissements en renom furent des cabarets populaires, où les gens de bonne compagnie allaient parfois s'égarer, sans en faire leur séjour habituel ; tels étaient les cabarets de Ramponneau, du Moulin de Javelle, du Port à l'Anglais, des Porcherons, ceux du Gros-Caillou, célèbres par leurs matelotes et bon nombre de ces joyeuses guinguettes animées par les ouvriers, les poissardes et les racoleurs.

Après 1776, les traiteurs formèrent, avec les rôtisseurs et les pâtissiers, une seule communauté, à laquelle furent réunis les gargotiers, dont la profession s'exerçait auparavant en vertu de lettres dominicales. Ceux-ci ne pouvaient servir que des aliments communs, destinés aux ouvriers ; néanmoins, en dépit des règlements, les marchands de vin, les traiteurs, les cabaretiers, les gargotiers, en un mot tous ceux qui donnaient à manger dans leurs boutiques, arrivaient à se confondre et à former le type du restaurateur actuel.

La Révolution acheva cette transformation des cabaretiers et des traiteurs, en faisant disparaître les restrictions qui entravaient encore leur industrie. Cependant il fut interdit aux traiteurs de vendre du vin à d'autres qu'aux personnes qui mangeaient chez eux et d'avoir des comptoirs de marchands de vin. Au rétablissement de la paix publique, plusieurs traiteurs fondèrent des maisons importantes ; la plupart se groupèrent au Palais-Royal.

Aujourd'hui, le mode d'exploitation des restaurants varie suivant la clientèle que l'on désire y attirer. Les principaux établissements sont situés sur les boulevards, au Palais-Royal, dans les rues Montmartre, Montorgueil et généralement au centre de luxe et des affaires.

On y dîne à la carte.

Les personnes dont les moyens d'existence sont plus modestes, les employés retraités, les habitants de la province, auxquels les petits ménages bourgeois se joignent le dimanche, dînent au prix fixe de 2 francs, de 1 fr. 60 c., et même 1 fr. 50 c. et 1 fr. 10 c. dans les établissements spéciaux exploités au Palais-Royal et dans les centres populeux. La quantité des plats est déterminée, mais le choix est libre.

Puis viennent les restaurants où le consommateur peut régler sa dépense sur le nombre des plats qu'il demande, et la réduire en ne prenant pas de vin, enfin les marchands de vin traiteurs, où les ouvriers mangent à la portion.

Quatre nouveaux genres d'établissements, créés depuis quelques années, présentent chacun une physionomie particulière.

Dîners à prix fixe. — Les dîners à prix fixe et sans choix, fondés en 1854, ont été favorisés à leur début par l'affluence considérable d'étrangers venus à Paris au moment de l'Exposition universelle de 1855. Ils constituent un mode intermédiaire entre le dîner à la carte et le dîner à prix fixe avec choix des plats auxquels on a droit. Les prix, sans atteindre à ceux d'un dîner à la carte, y sont plus élevés que dans les restaurants à 2 francs ; les repas y sont aussi plus copieux et préférables en qualité.

Bouillons. — Les établissements de bouillon ont été créés vers la même époque, à l'exemple des bouillons organisés par la Compagnie Hollandaise, vers 1840. Derrière la spécialité qu'ils affichent, ces établissements déguisent de véritables restaurants au plat. Un boucher, M. Duval, peut en être considéré comme le créateur. L'ordre, la propreté qu'on y remarque, les commodités qu'on y trouve et la qualité de la viande, les ont fait adopter par les employés, les commis, et les personnes qui sont obligées de restreindre leurs dépenses.

Rôtisseries. — Vers la même époque également, c'est-à-dire en 1850, certains marchands de volailles se firent rôtisseurs, et en ajoutant à la vente des viandes rôties, celle du vin et de tous autres produits qui servent à l'alimentation, créèrent des établissements qui participent tout à la fois et du restaurant et du café. M. Fournier, du Faubourg-Saint-Denis, peut en revendiquer la paternité, et son élève et successeur M. X. que tous les négociants de Bercy connaissaient et estimaient, s'était montré digne du maître.

Ces établissements peu nombreux, brillent par une prospérité des plus florissantes.

Crémeries. — Les crémeries sont de date plus récente. Dans le principe, les crémiers, tout en exerçant leur commerce, servaient dans leur arrière-boutique, du lait, du riz, du café, du chocolat au lait et des œufs. Plus tard, ils y ajoutèrent de la viande rôtie, du vin et de la bière; aujourd'hui ils vendent de tout et leur principale clientèle se compose d'ouvriers, d'artisans et d'employés à faibles appointements.

Tous ces établissements, favorisés par les goûts et les mœurs de la population parisienne, ont trouvé une cause de développement considérable dans le nombre toujours croissant des voyageurs qu'amènent chaque jour à Paris les différentes lignes de chemins de fer. Ils sont répartis dans tous les arrondissements de Paris. Les quartiers où l'on en trouve le plus sont ceux des Boulevards, des Halles, du Palais-Royal, de Bonne-Nouvelle, des Arts-et-Métiers, de la Folie-Méricourt et des faubourgs Saint-Denis et Saint-Martin, rive droite, et rue Dauphine, de Vaugirard et boulevard Saint-Michel, pour la rive gauche.

On a recensé, en 1872, 5,250 restaurateurs. L'importance des affaires faites par ces divers établissements s'élève à un chiffre formidable, variant entre 300 et 400 millions.

En 1872, on a trouvé employés dans les restaurants, rôtisseries, crémeries, — hommes et garçons 4,900, femmes et filles 934; soit un personnel de 5,834 individus, composé comme suit, savoir : chefs et sous-chefs cuisiniers, pâtissiers, sommeliers, garçons de salle, garçons de cuisine, garçons omnibus, laveurs de vaisselle, aides et hommes de peine; dames de comptoir, lingères, écaillères, laveuses de vaisselle.

Les restaurateurs, comme les limonadiers, occupent en outre, les dimanches et jours de fête, ou pour des cas spéciaux, des garçons auxiliaires dits *extra* dont le nombre ne peut être déterminé.

Je me crois tenu de le dire qu'aujourd'hui le chiffre des établissements s'est accru depuis 1872 et qu'en le portant en nombre rond à 6,000, c'est rester dans une limite qui est certainement bien au-dessous de la vérité.

Les 6,000 établissements représentent une somme de loyers de 27,000,000 de francs. Moyenne par établissement, 4,500 francs.

Frappant la somme totale des loyers de la taxe de remplacement de 12 0/0, je donnerai à la ville de Paris une recette de 3,240,000 francs.

MARCHANDS DE VINS EN DÉTAIL, SUR LE COMPTOIR
ET A LA BOUTEILLE

Historique. — Les marchands de vin formèrent, dans l'origine, une confrérie religieuse, comme la plupart des autres professions.

Au moyen âge, il suffisait pour s'établir tavernier sur la terre du roi, de payer le *chanteiage*, c'est-à-dire un faible droit par tonneau mis sur chantier. Les seigneurs, prieurs et abbés, exigeaient un droit de *popine* ou *buffetage*, de ceux qui voulaient arborer la perche et le bouchon ou feuillée sur leurs dépendances; ils prélevaient en outre un droit annuel dit d'*affoirage* ou de *tavernerie*.

A Paris, les marchands de vin étaient réunis dans le quartier de la rue des Lombards, qui s'appelait alors rue de la Buffeterie. Chaque marchand avait à sa porte un crieur qui faisait connaître au public les qualités et le prix de son vin. Il y avait en outre des crieurs de vin, dépendant de la corporation des crieurs publics qui parcouraient la ville avec des échantillons. Lorsque le roi vendait sa récolte, les taverniers fermaient leurs boutiques, et le vin royal était seul crié

par les carrefours. C'était le ban du roi. Après la récolte du
roi, se criait d'abord celle des seigneurs, puis celle des moines.
Le privilège pour les seigneurs de vendre seuls leur vin,
pendant un certain temps de l'année, se perpétua jusqu'au
règne de Louis XIV, où certains seigneurs jouissaient encore du *ban-vin*, pourvu que leurs titres fussent antérieurs
à 1560.

Comme en Grèce et à Rome, les tavernes étaient déjà
le rendez-vous des vagabonds et le refuge de tous les vices.
On y buvait et on y jouait aux dés et aux boules. Les truands
et les ribauds en étaient les hôtes habituels; les ménestrels
y venaient chanter; les marchands d'onguents, d'oublies et
les charlatans y débitaient leurs marchandises. Les écoliers
s'y livraient à des orgies qui se terminaient souvent par
des rixes sanglantes. Enfin, les taverniers frelataient leur
vin, recélaient les voleurs et faisaient parfois de la fausse
monnaie.

Les désordres dont les tavernes étaient le théâtre provo-
quèrent de bonne heure les répressions de la police. Déjà
sous saint Louis, avaient été déclarés infâmes tous ceux
qui fréquentaient les tavernes, les passants exceptés. Une
ordonnance de police du 27 février 1350, défendit aux taverniers de recevoir les joueurs de dés et autres gens diffamés,
d'ouvrir aux buveurs après le couvre-feu, et de donner à
leurs vins d'autres noms que ceux du cru. Ces prescriptions
et toutes les mesures qui furent prises par la suite, au point
de vue de la sûreté, de la santé publique et de la religion,
durent être renouvelées par diverses ordonnances; celle de
Charles IX aux États d'Orléans, en 1560, réitéra aux habitants des villes la défense de fréquenter les cabarets; une
autre, rendue par Henri III en 1579, dans le but de prévenir
l'excitation au jeu et à la débauche, interdit aux taverniers
de faire, par contrat, aucune acquisition pour dettes et
tailles de dépenses de bouche dans leurs établissements.

Les tavernes et cabarets dont le nombre avait été limité
un moment en 1440, s'étaient multipliés par toute la ville

et formaient autant de tripots dont l'enseigne a donné son nom à certaines rues de Paris, telles que les rues de la Lanterne, du Sabot, de la Licorne, etc.

En 1585, les quatre professions auxquelles appartenait la vente du vin, furent érigées en une seule communauté, qui comprenait les marchands de vin à pot, les taverniers, les cabaretiers et les hôteliers. En 1587, on leur accorda des statuts que Louis XIV augmenta et confirma en 1697.

Les marchands de vins à pot n'étaient autres que les marchands de vins en gros, qui, après avoir laissé sur le port ou à l'étape, un tiers de leurs marchandises réservées pour la vente en gros, encuvaient les deux autres tiers et les destinaient à la vente au détail, après en avoir fait la déclaration à l'Hôtel de Ville. Ils passaient leurs pots par un trou fait à leur grille de bois, et les renversaient sur le comptoir après les avoir vidés, de là venait le nom de vente à *huis coupé* et à *pot renversé*.

Ces marchands jouissaient d'une toute autre considération que les taverniers et parvenaient au consulat et à l'échevinage.

Les taverniers pouvaient, comme les marchands à pot, acheter du vin à la campagne, au delà de vingt lieues autour de Paris; mais avec cette différence, qu'ils donnaient à boire dans leurs établissements.

Quant aux cabaretiers, ils vendaient en même temps à pot et à assiette, c'est-à-dire qu'ils donnaient à manger. Ils ne pouvaient faire d'achats en province, et payaient sur le vin des droits plus élevés que les marchands à pot et les taverniers. Les cabarets fréquentés à partir du règne de Louis XIII par les gentilshommes et les seigneurs de la Cour devinrent de véritables restaurants où se faisaient les parties fines et se donnaient les rendez-vous galants. On y chantait les satires du temps et les couplets grivois dus à la verve joyeuse de Vadé, Collé, Panard et tant d'autres. Il en fut ainsi jusqu'au moment où les mœurs ayant changé, le cabaret, en tant que lieu de réunion, fut déserté pour le café.

Cette distinction entre les débitants de vin s'affaiblit à la suite d'une déclaration du roi, de 1680, qui permit aux marchands à pot et aux taverniers de vendre des viandes cuites chez les charcutiers et les rôtisseurs ; mais elle ne disparut complètement qu'à la Révolution.

A ce moment, les impôts qui frappaient les vins à l'entrée dans Paris et à la vente au détail ayant été supprimés, des marchands ambulants envahirent la voie publique. L'administration de la police, à laquelle avait été réservée la surveillance des débits, prit une mesure radicale pour arrêter des excès qui menaçaient de dépasser tous ceux auxquels les cabarets avaient donné lieu jusque-là. La vente des boissons telles que le vin, le cidre, la bière, fut interdite sur les grèves, places et autres lieux publics.

En l'an VII l'octroi fut rétabli à Paris; la même année, le litre fut substitué aux anciennes mesures de capacité, de nombreux arrêtés réglèrent les rapports des débitants avec l'administration ; les droits réunis furent créés, et les débitants durent payer un droit fixe de licence, puis un droit de détail sur la vente constatée par l'exercice. Chaque règne a amené des modifications dans le chiffre ou dans le mode de perception des impôts qui frappent le vin vendu au détail.

Aujourd'hui les débitants de vin dans Paris payent une patente et ne peuvent ouvrir un établissement sans en avoir obtenu la permission de la préfecture de police; les heures d'ouverture et de fermeture sont fixées par des ordonnances.

Les mesures dont ils se servent doivent être échantillonnées, et des vérifications permettent de constater que le marchand n'y apporte aucune modification susceptible de diminuer la quantité du liquide vendu. En outre, la qualité des marchandises qu'ils mettent en vente est soumise au contrôle d'une institution créée depuis 1880 et qui s'appelle le *Laboratoire municipal*. Cette institution, à la tête de laquelle est placé un directeur chimiste, ayant sous ses ordres des jeunes gens plus ou moins versés dans la science des analyses chimiques, ainsi que des agents revêtus de la qualité de commissaires, est chargée de procéder à des prélèvements d'échantillons de toutes marchandises mises en vente chez les débitants et de constater si celles-ci ne contiennent aucune substance nuisible ou même si elles n'ont pas été adultérées au moyen d'un mouillage trop excessif.

Nous aurions beaucoup à dire au sujet du fonctionnement et des prétentions de ce laboratoire; mais nous bornant ici à faire de l'historique, nous préférons nous abstenir

Les marchands de vins de Paris peuvent se subdiviser en trois classes bien distinctes : 1° les marchands de vins à la bouteille, livrant à domicile, les commandes apportées par les courtiers-placiers; 2° les marchands de vins à la bouteille, ayant dans Paris divers dépôts où tout dépositaire est tenu de verser un cautionnement contre lequel on lui remet une quantité de boissons d'une valeur égale. Chaque jour un agent de la maison mère vient toucher le montant des ventes effectuées, laisse une somme déterminée au dépositaire comme salaire de son travail, remplace les quantités vendues, et fait ainsi un nouveau dépôt dont la valeur représente la somme qu'il a touchée, en sorte que le cautionnement reste toujours intact; 3° enfin, les marchands de vins au comptoir dont les débits sont plus ou moins importants. Chez la plupart d'entre eux la vente à emporter ne monte pas à un chiffre bien élevé; on y consomme sur le comptoir le vin ou les liqueurs et l'on y joue la dépense au tourniquet; on y mange sur une table de bois ou de marbre, des viandes rôties, de la charcuterie, des œufs, etc., mais généralement le repas est toujours subordonné à la consommation du vin. Quelques-uns de ces marchands disposent d'une salle de bal où l'on danse le dimanche et le lundi au son du violon, d'une clarinette et d'autres instruments. En outre, il n'est pas rare d'en voir quelques-uns sous-louer, dans un but d'économie facile à comprendre, un coin de leur boutique à un repasseur de couteaux, ou, suivant les saisons, à une écaillère, une bouquetière, enfin à des marchands de marrons.

Les marchands de vins sont répartis dans les vingt arrondissements de Paris.

Les quartiers des Halles, du Palais-Royal, de Saint-Merri, de Saint-Germain-l'Auxerrois, de Saint-Gervais, de l'Arsenal, de Saint-Victor, de la Sorbonne, de la Folie-Méricourt, de la Roquette, de Clignancourt, de la Chapelle, de la Villette, de Belleville et de Charonne en renferment le plus grand nombre.

Le relevé spécial des professions à Paris, en 1886, porte à 19,653 le nombre des marchands de vins de la capitale, dont cent cinquante font la vente à la bouteille et une trentaine ont des dépôts.

Parmi les maisons principales de la vente à la bouteille je te citerai : la Société bordelaise et bourguignonne, la Compagnie des Caves générales, la Compagnie générale des Caves, les maisons Vve Mourgues, Gautry, Lacombe, et parmi celles qui ont des dépôts, MM. Granchamp (ancienne maison Randon), Nicolas et Durouchoux.

J'estime à 58,959,000 francs la somme totale des loyers payés par ces industriels, soit une moyenne de 3,000 francs par établissement. Appliquant à ce total la taxe dite de remplacement de 12 0/0, je fournirai à la recette municipale un revenu annuel de 7,075,080 fr.

Il y a trente à trente-cinq ans j'entendais dire que, pour faire un bon marchand de vins en détail, il fallait être fort et bête ; aujourd'hui je dis que le marchand de vins doit être robuste et intelligent. Ceux qui tenaient autrefois ce langage étaient dans le vrai, de même que j'y suis aujourd'hui.

Il y a trente-cinq ans, en dehors du travail nécessité

pour le coupage des vins et la manutention des fûts, le marchand de vins était forcé, verre en main, de tenir tête aux gosiers inextinguibles des consommateurs, et parfois aussi de contracter ses muscles pour les mettre dehors. Mais aujourd'hui, si le développement des forces physiques est encore nécessaire pour le travail de la cave, il ne l'est plus guère pour faire face à ces invitations de boire que le bon sens repousse, ni pour réprimer ces rixes que l'adoucissement de nos mœurs a rendu beaucoup plus rares.

Ce progrès, dû à la civilisation, dégageant le marchand de vins de toute autre préoccupation que celle de plaire à la clientèle, lui permet d'employer toute son intelligence et toute son activité à répondre dignement aux exigences toujours croissantes de la consommation.

ÉPICIERS VENDANT AU DÉTAIL TOUTE ESPÈCE DE DENRÉES ET BOISSONS

Historique. — Le métier d'épicier est fort ancien, et ses attributions ont toujours été très nombreuses.

Les épiciers sont désignés dans un édit de 1321, sous le nom d' « *officiers marchands d'avoir-du-poids* », par la raison qu'ils étaient chargés, dès cette époque, de l'étalon royal des poids et mesures, et qu'ils vendaient toutes marchandises à la pesée.

Au xve siècle, ils débitaient, en même temps que les épices, les simples, les drogues, et se confondaient, sous ce rapport, avec les apothicaires et les herbiers.

En 1484, des statuts furent accordés par Charles VIII pour le métier d'épicerie et d'apothicairerie, ouvrages de cire et confitures, de la ville de Paris. Ces statuts furent successivement confirmés, et des lettres patentes octroyées par Louis XIV, en 1638, au corps des épiciers, leur donna le nom d'*épiciers-apothicaires-grassiers*. La corporation se subdivisait en épiciers-grassiers, épiciers droguistes, apothicaires, confituriers ou confiseurs, et ciriers ou ciergiers. Elle formait, dans les derniers temps, le deuxième des six corps de marchands et ses membres pouvaient siéger au tribunal consulaire.

Avec les épices proprement dites, les épiciers vendaient autrefois des denrées coloniales, l'eau-de-vie, les marchandises dépendant plus spécialement des autres branches du corps de l'épicerie, comme les drogues, les couleurs, les confitures et la cire, etc.

Les apothicaires ayant été séparés des épiciers pour être érigés en collège de pharmacie, l'édit de 1776 définit de nouveau les attributions des épiciers et leur permit de vendre, indépendamment des objets et denrées de leur commerce, les drogues simples sans manipulation, le vinaigre, en concurrence avec les vinaigriers, l'eau-de-vie et les liqueurs, même en détail, sans pouvoir les servir et donner à boire dans leurs boutiques et magasins, le café brûlé en grains et en poudre, dont le débit avait été réservé jusque-là aux limonadiers, et enfin la graineterie, en concurrence avec les grainetiers.

L'épicerie au détail s'étend aujourd'hui à l'infini. Ce commerce comprend : les denrées coloniales, les légumes secs, l'herboristerie, les salaisons, la charcuterie, les fromages, les beurres frais et salés, les savons, la potasse, les oranges, les citrons, les pâtes, les conserves alimentaires, les huiles, le vinaigre, le vin, l'eau-de-vie et les liqueurs.

Le chiffre d'affaires du commerce de l'épicerie est très important et il s'explique par la multitude de produits qu'il met à la disposition des ménagères. Aussi l'épicier est-il considéré par les marchands de vins à la vente en bouteilles et en détail, comme leur concurrent le plus redoutable. Quant à moi, si j'étais appelé à composer la devise de l'épicerie, je le ferais avec ces trois mots : travail, ordre, économie.

Cependant le nombre des épiciers en détail, qui avait augmenté jusqu'en 1860 dans des proportions assez considérables, a semblé décroître pendant quelques années, par suite, sans doute, de la création d'établissements importants et mieux achalandés, dans lesquels le bas prix des marchandises paraît attirer la clientèle des plus petits épiciers; aussi ne figure-t-il plus, dans l'enquête sur les conditions du travail, en 1872, que pour 3,000 au lieu de 3,370, chiffre constaté en 1860. Mais ils n'ont point tardé à reprendre la corde et ils figurent aujourd'hui sur le relevé spécial des professions en 1886, pour 6,723.

Les épiciers sont répartis dans tous les arrondissements, cependant il paraîtrait que le XVIIIe (Montmartre) serait celui où l'on en trouve le plus; le XVIe (Passy) celui où l'on en compte le moins.

Sachant que les épiciers n'aiment pas, par goût, les forts loyers, je n'en ai évalué le montant moyen qu'à 2,000 francs.

Multipliant le nombre de loyers, 6,723, par la moyenne 2,000 et appliquant au produit 13,446,000, la taxe de 12 0/0, je ferai figurer au crédit de la ville une somme de 1,613,520 francs.

$$6,723 \times 2,000 = 13,446,000 \times 12\ 0/0 = 1,613,520.$$

CHARBONNIERS

En compulsant l'enquête sur les conditions du travail en France pendant l'année 1872, dressée par les soins de la Chambre de commerce de Paris, j'ai remarqué avec étonnement que les charbonniers ne figuraient point parmi les industriels de la grande cité. C'est un oubli que je tiens à réparer, et en outre je dois avouer que je croirais manquer à mes devoirs, si, en raison des sympathies que je professe pour cette classe laborieuse, je ne venais lui consacrer quelques lignes.

Quel rapport, me diras-tu, y a-t-il entre un charbonnier vendant bois, anthracite, coke, et un marchand de vin en détail? Ton étonnement me prouve que ne l'étant pas rendu compte que les Compagnies du gaz et des eaux étant aux charbonniers de la capitale, ce que les furets sont aux lapins, les *fouchtras*, de guerre lasse, ont quitté le tonneau d'eau pour vendre du vin. Ma foi, oui! ils en vendent et beaucoup. Mais toujours sous la dénomination de vins du pays, quoique tout le monde sache que l'Auvergne, depuis quatre ou cinq ans, n'en ait pas expédié une goutte sur Paris. Et ces industriels possèdent le don de la persuasion porté à un diapason tellement élevé, que toutes nos ménagères s'y laissent prendre. Et voilà pourquoi l'eau et le vin habitent gaillardement le même toit que le charbonnier. Ceci dit, en présence de ce cumul industriel, j'applique aux 2,500 charbonniers recensés en 1886 la taxe de 12 0/0. Cependant ils sont si laborieux et si économes, que je ne puis m'empêcher, comme je te le disais en commençant, de leur souhaiter bonne chance.

Or, multipliant la moyenne des loyers évaluée à 1,000 fr. par 2,500, nombre industriel, j'ai un produit de 2,500,000 fr. qui, frappé de la taxe de 12 0/0, donnera à la ville une recette annuelle de 300,000 francs.

$$2,500 \times 1,000 = 2,500,000 \times 12\ 0/0 = 300,000.$$

FRUITIERS

Historique. — En l'an 1620, les fruitiers de Paris, vendant légumes et fruits, formaient trois catégories bien distinctes : les marchands forains, les maîtres fruitiers et les fruitiers regrattiers.

Les marchands forains apportaient du dehors leurs légumes et leurs fruits et ne pouvaient les vendre qu'à la halle. Les seconds, c'est-à-dire les maîtres fruitiers achetaient aux forains dans la halle, sans pouvoir aller à leur rencontre ni envoyer des commissionnaires hors Paris. Ils transportaient ensuite les marchandises achetées dans leurs magasins et aux places qui leur étaient réservées. Les fruitiers regrattiers d'*aigrun*, c'est-à-dire les marchands d'échalotes, d'oignons, d'aulx ne pouvaient se présenter à la halle aux fruits qu'à certaines heures, après que les maîtres fruitiers avaient fait leurs achats, et ne vendaient les marchandises que sur « éventaires » et par les rues et suivant des quantités déterminées. Plus tard, ils eurent échoppes et boutiques.

Le commerce de la fruiterie, après avoir été soumis à divers statuts et à des règlements particuliers qui l'autorisèrent à vendre, concurremment avec les épiciers, toutes denrées et comestibles, est actuellement libre; il s'approvisionne, soit en s'adressant directement à la production du dehors, soit à la halle, en s'adressant à des commissionnaires en rapports suivis avec les expéditeurs étrangers, ou bien encore, il achète aux producteurs qui amènent eux-mêmes sur le carreau, les produits qu'ils désirent vendre. Je n'essaierai point de te dépeindre l'aspect inénarrable que présentent les halles de Paris de 11 heures du soir à 8 heures du matin, par le fait de ces arrivages multiples et successifs de voitures de nos maraîchers et de nos horticulteurs; je ne te dirai rien également de cet arrangement prompt et intelligent des légumes et des fruits d'espèces les plus variées, ni de ce va-et-vient des porteurs et surveillants, car il me faudrait entrer dans une description beaucoup trop longue et que tu pourrais, avec juste raison, considérer comme un hors-d'œuvre. Cependant, je te demanderai si, à part la conquête de la liberté, les agissements de ce commerce sont différents aujourd'hui de ce qu'ils étaient autrefois. Je ne le suppose pas, puisque nous rencontrons les mêmes éléments de vente, à savoir : des commissionnaires en gros de fruits et de légumes, des marchands occupant des places assignées dans les halles, des fruitiers en boutique et des petits marchands poussant devant eux, dans les rues, la

petite voiture chargée de fruits et de légumes, et ayant,
tu en conviendras, une analogie bien frappante avec les
fruitiers regrattiers, à cela près, que la voiture à bras remplace avantageusement les éventaires. Et comme les classes
dans lesquelles sont rangés les commissionnaires en fruits
et légumes, les marchands fruitiers ayant place dans les
halles, les petits marchands avec les voitures ne vendant
point de boissons, je te demanderai la permission de
m'étendre un tant soit peu sur celle qui comprend les fruitiers en boutique.

Les fruitiers en boutique peuvent également se scinder
en deux catégories bien distinctes, l'une vendant aux classes
aristocratiques et commerçantes, l'autre aux ménagères des
classes laborieuses et aux cuisinières des maisons bourgeoises.

Les industriels compris dans la première de ces catégories s'en tiennent à la vente des fruits, des primeurs, des
œufs, beurres et fromages, des grenades, olives et amandes;
ils alimentent nos grands restaurants de Paris, et ont pour
clientèle la haute société financière et aristocratique. Ceux
compris dans la deuxième catégorie, n'ayant de rapports
qu'avec les ménagères des classes laborieuses, et les cuisinières des classes bourgeoises, ont joint à leur industrie le
commerce des boissons. Telle est la classe des fruitiers
dont je désire t'entretenir.

Le Normand est au petit commerce de la fruiterie, ce
que l'Auvergnat est au commerce de bois et de charbon,
— ce sont des accapareurs dans leur genre, et l'un et
l'autre ont empiété sur le commerce des boissons. Si le
charbonnier, pour sa défense, a invoqué la concurrence des
Compagnies des eaux et du gaz, le fruitier invoque de son
côté les rigueurs des saisons, arrêtant la production horticole, et dont la mévente le constitue en perte sensible.
Aussi, pour parer aux inconvénients des mortes saisons et
répondre aux désirs des ménagères et des cuisinières du
quartier, dont les instants, pour l'achat des provisions, sont

comptés, a-t-il cru devoir adjoindre à son industrie la vente des vins, des liqueurs et des eaux-de-vie. Et voilà comment le désir de contenter a rendu le fruitier marchand de vins.

Cette petite industrie a bien droit à notre respect, car celui qui la professe ne dort point sur un lit de rose. Partir à la halle, le matin, en été, avant l'aube du jour ; en hiver, avant l'extinction des lumières des becs de gaz, traînant la petite voiture à bras que l'on ramènera chargée de légumes et de fruits divers, qu'il faudra préparer ensuite pour la mise en vente, se coucher fort tard : telle est la besogne journalière de cette classe laborieuse. Aussi lui pardonnerai-je facilement l'adjonction du petit commerce des boissons. Cependant tout en lui adressant mes plus sincères et méritées félicitations, je ne saurais me dispenser de lui appliquer la taxe de remplacement de 12 0/0. Ainsi donc, multipliant la valeur locative de ces établissements estimée à 800 francs par le nombre de 2,000, chiffre pris sur celui de 9,375 et frappant le produit de la taxe demandée, je ferai figurer à l'actif de la ville de Paris, une somme de 192,000 francs, soit $800 \times 2,000 = 1,600,000 \times 12 \ 0/0 : 192,000$.

HOTELS, APPARTEMENTS MEUBLÉS, GARNIS

Au point de vue de la population quasi flottante de la grande cité et qui se chiffre par deux cent cinquante mille individus, la ville de Paris est tout à la fois un récipient et un déversoir ; elle me semble faire l'office de la pompe aspirante et foulante, en ce sens, que les uns lui apportent le surplus du nécessaire, d'autres lui emportent le fruit de leurs travaux, et, dans la circonstance présente, je me crois obligé de mettre à contribution les bénéficiaires de ces deux courants opposés, j'ai dénommé les maîtres d'hôtels, les propriétaires d'appartements meublés et de garnis.

Historique. — La profession d'aubergiste est restée libre jusqu'au règne de Charles IX. Une déclaration de ce prince, datée du 25 mars 1567, enjoignait à ceux qui voulaient ouvrir une auberge, à s'adresser préalablement au juge de police pour en obtenir l'autorisation ; cinq ans après, une autre déclaration du 31 mars 1572, interdit aux hôteliers d'abandonner leur état sans causes légitimes, sous peine de voir leurs biens saisis et d'être emprisonnés. En 1577 et 1579 les hôteliers reçurent l'ordre de mettre leur tarif sur la principale porte de leur maison ; en outre, ils furent obligés d'inscrire les nom, qualité et profession des personnes qu'ils logeaient, le jour de leur arrivée et celui de leur départ, sur deux registres, dont l'un était remis au commissaire du Châtelet, à la fin de chaque mois, et dont l'autre devait être représenté aux inspecteurs de police lorsqu'ils faisaient leur visite. Il est à présumer que cette dernière prescription était fort ancienne, car on sait que les logeurs en chambres garnies s'y trouvaient assujettis dès l'année 1408. Toutes les mesures de police relatives aux auberges et aux chambres garnies furent renouvelées en 1744 par une ordonnance dont la loi du 19 juillet 1791 reproduit des dispositions en ce qui concerne l'inscription des voyageurs. Aux termes de l'article 5 du titre 3 de la loi, les aubergistes, maîtres d'hôtels garnis et logeurs, sont tenus d'écrire de suite, et sans aucun blanc, sur un registre en papier timbré et parafé par un officier municipal ou un commissaire de police, les nom, qualité, domicile habituel, dates d'entrée et de sortie de tous ceux qui couchent chez eux, même une seule nuit ; de représenter ce registre tous les quinze jours et en outre, toutes les fois qu'ils en sont requis, soit aux officiers municipaux, soit aux officiers de police ou aux citoyens commis par la municipalité. Sauf les obligations que cette loi leur impose vis-à-vis de la police, les maîtres d'hôtels garnis, aubergistes et logeurs sont entièrement libres d'exploiter leur industrie comme ils l'entendent.

Les hôtelleries françaises furent pendant longtemps plus

mal tenues que celles de l'Allemagne ou d'Italie. Mme de Sévigné fait un triste tableau de leur dénûment au xviie siècle, et Arthur Young laisse entrevoir tout ce qui leur manquait pour être comfortables, pendant les années qui précédèrent la Révolution. On doit croire toutefois que les hôtels de Paris étaient montés sur un pied plus convenable que les auberges de province. Dès le xvie siècle, il y avait dans cette ville des hôtelleries qui n'étaient point à dédaigner, surtout celle de la rue de la Huchette, où venaient parfois loger les princes et les ambassadeurs étrangers. Au siècle suivant, plusieurs maîtres d'hôtels parisiens se firent une réputation pour la finesse de leur cuisine ; d'autres s'attachèrent à garnir leurs appartements de meilleurs lits, et d'un plus grand nombre de meubles ; enfin quelques hôtels, créés au xviiie siècle, offrirent aux voyageurs des commodités inconnues jusqu'à cette époque.

Vers 1750 on comptait dans Paris 250 à 300 hôtels. Les plus chers étaient établis près du Palais-Royal et rue de Tournon, dans le quartier du Luxembourg. On y louait des chambres et des appartements au prix de 190 à 1,200 livres par mois, et les repas y coûtaient 4, 6 et même 24 livres par tête. La plupart de ces hôtels avaient écuries et remises, et les voyageurs pouvaient s'y procurer des carrosses et des perruquiers. Dans les autres quartiers de la ville, on trouvait des hôtels plus modestes où l'on pouvait se loger pour 8, 10, 12, 15, 20, 24 ou 40 livres par mois, et manger à table d'hôte pour 8, 10, 12, 15, 20, 24, 30 ou 32 sous par repas. Rue Saint-Denis et rue Saint-Martin, on payait de 10 à 20 sous pour la nuit, 25 ou 30 sous pour le repas et 35 à 40 sous pour le cheval. Dans le quartier Saint-André, les repas étaient de 8, 10, 15 et 25 sous. Ces hôtels n'étaient pas à l'abri des reproches si l'on en croit Mercier : « Les chambres garnies sont sales, dit-il ; rien n'effraye plus un pauvre étranger que de voir des lits malpropres, des fenêtres où soufflent tous les vents, des tapisseries à demi pourries, un escalier couvert d'ordures. On n'a pas assez pourvu au besoin des voyageurs, et cependant qui est-ce qui ne voyage pas ? »

Une fois la tourmente révolutionnaire passée et la paix rétablie, l'affluence des étrangers à Paris augmenta rapidement par suite du développement des affaires commerciales et des nombreuses relations qui s'établirent entre la capitale et les villes, soit des départements, soit des autres pays de l'Europe. Les habitudes de bien-être et de confortable qui s'étaient répandues en France, imposèrent aux maîtres d'hôtels l'obligation d'améliorer leurs établissements et Paris comptait plusieurs hôtels recommandables et quantité d'autres où l'on pouvait se loger et vivre d'une manière satisfaisante lorsque les premiers chemins de fer furent mis en exploitation.

L'immense mouvement occasionné par ce nouveau mode de transport eut pour conséquence de faire multiplier les hôtels, et d'engager les capitaux à se réunir pour la construction de vastes caravansérails organisés de manière à répondre à toutes les exigences du luxe moderne. L'initiative de cette dernière transformation des hôtels appartient à l'Amérique ; Paris n'est venu qu'après New-York, et c'est seulement à partir de 1855 qu'on a vu s'élever, d'abord l'hôtel du Louvre, et plus tard le Grand-Hôtel, inauguré en 1862, puis l'Hôtel Continental. Sans pouvoir lutter avec ces établissements qui renferment plusieurs centaines de chambres, de salons et d'appartement, avec salle à manger, café, fumoir, salle de bains, cabinet de lecture, bureau télégraphique, remises, etc., la plupart des autres hôtels de Paris ont aussi gagné en élégance et en confortable, principalement ceux où descendent les riches étrangers attirés par les plaisirs de Paris. L'amélioration est également sensible dans les appartements meublés dont la clientèle se compose d'étrangers, de commerçants ou de tous autres voyageurs en villégiature ; mais elle est moindre dans les garnis de la classe ouvrière, où, pour une somme de peu d'importance et payable à volonté par semaine, par quinzaine ou par mois, chaque locataire est mis en possession d'une chambre à peu près aérée et tant soit peu meublée ; cependant cette amélioration progresse au fur et à mesure que les démolitions atteignent les vieilles maisons dans lesquelles ils étaient établis.

Ces hôtels, appartements meublés et garnis se trouvent répartis dans tous les quartiers de Paris, particulièrement dans les Ier, IVe, V^e, VIe et XVIIIe arrondissements.

L'enquête sur les conditions du travail en France, année 1872, porte le nombre de ces établissements à 9,228, et celui des employés, tant garçons de salle, interprètes, frotteurs, porteurs de bagages, grooms, concierges faisant le service de l'hôtel, que lingères, cuisinières, filles de salle, femmes de ménage, etc., à 6,100, chiffre que tu peux porter à 10,000 avec la plus entière assurance.

Multipliant le nombre de ces établissements, 9,228 par la moyenne des loyers 6,000, et appliquant au produit la taxe de 12 0/0, la Ville encaissera annuellement la somme de 6,644,160 soit 9,228 × 6,000 = 55,368,000 × 12 0/0 = 6,644,160.

La clientèle de ces trois sortes d'hôtelleries où l'on donne à manger et où l'on tient des pensions, est, comme tu le vois, bien distincte. Pour les hôtels, elle se compose de la haute aristocratie financière, commerciale et agricole qui paiera, comme par le passé, sans sourciller et qui laissera entre les mains de l'hôtelier le bénéfice de la diminution des droits. Et je serais tenté de croire qu'il en sera de même, sauf une variante peu sensible, pour l'heureux possesseur de ces appartements meublés dans lesquels certains ménages, disciples de M. Naquet, ou bien encore quelques provinciaux à la recherche de bonne fortune viennent momentanément installer leurs pénates.

Plein de reconnaissance pour les services rendus, j'estime que ces deux industries ont droit à mon respect, et je pense que je ne saurais mieux le leur exprimer qu'en leur accordant la taxe de 12 0/0.

Quant aux garnis qui, généralement, ne brillent pas par une organisation hygiénique bien parfaite, je sais qu'ils donnent gîte et abri à la classe laborieuse et ouvrière, et qu'ils devraient à ce titre, me diras-tu, être indemnes de toute taxe de remplacement. — Eh bien! mon vieux camarade, je ne partage pas ta manière de voir et voici pourquoi : depuis mon enfance, j'ai remarqué que les hirondelles étaient les précurseurs des bons et des mauvais jours et, depuis que je suis à Paris, il m'a été permis de constater qu'elles avaient pour concurrents ou imitateurs ces bons maçons, tous enfants de la Creuse comme leur brave et digne défenseur, le vénéré député, M. Nadaud, à cette différence près, que si les premières, en partant, emportaient mes regrets de ne plus les voir fendre l'air et gober ces mouches qui font notre désespoir pendant les mois d'été, ceux-ci en s'en retournant au pays emportent, là-bas, l'argent que la grande cité, dans sa générosité excessive leur a fait gagner, et, comme par la suppression des octrois et des droits d'entrée, leur gain sera plus élevé, je dis qu'il serait juste qu'ils autorisassent tacitement les hôteliers, en reconnaissance de ce fait économique avantageux pour eux, à augmenter un tant soit peu le prix ou loyer de la chambrée. A bon entendeur salut et je glane de ce chef la somme précitée.

LA LIBERTÉ COMMERCIALE

Qu'il me soit permis ici, mon cher Camarade, d'ouvrir une parenthèse et de rompre une lance en faveur de la Liberté commerciale, qui est l'une de mes plus vieilles et de mes plus chères marottes.

Je viens de t'énumérer les différentes catégories de grands et de petits commerçants qui, empruntant chacune une manière de faire spéciale, concourent à alimenter chaque jour la grande cité, des boissons généreuses et salutaires dont elle ne saurait se passer.

Je les salue tous avec reconnaissance, ces dispensateurs bienfaisants des liqueurs chères à Bacchus ou à Gambrinus, de celle même que l'on a pu appeler la Muse verte; je les salue pour les services qu'ils rendent à une société ingrate qui leur impute la responsabilité de tous les excès auxquels se livrent les natures mal équilibrées, inconséquence absurde qui n'a pas plus sa raison d'être que si on reprochait à la Banque de France, par exemple, d'exciter les convoitises et les appétits malsains d'un thésauriseur maladif.

Ces désiquilibrés sont justiciables de la thérapeutique ou des aliénistes, voilà tout. Mais tant que l'on n'aura pas interdit d'une manière absolue, la consommation des produits dont les insensés seuls font abus, — interdiction que les gouvernements de n'importe quel pays se garderont bien d'édicter en raison des profits formidables que leurs Trésors retirent de la vente des boissons alcooliques, — il sera aussi souverainement injuste de faire retomber sur la tête de ceux qui les vendent, la responsabilité des maux que ces boissons peuvent engendrer, qu'il serait inéquitable d'attribuer aux pharmaciens les désastres résultant de la morphimanie.

Aussi ne cesserai-je de protester contre la législation actuelle qui fait de ces industriels une caste à part, qui les tient en suspicion et qui les classe hors du droit commun.

Et s'il fallait t'exprimer tout le fond de ma pensée, je te dirais, entre nous, que je crois la sollicitude qu'affichent nos administrateurs à l'égard des consommateurs de produits alcoolisés, bien plutôt basée sur des préoccupations fiscales, que sur le souci de la santé publique.

En y réfléchissant bien et en examinant attentivement ce qui se passe; en constatant, par exemple, qu'un débitant peut impunément verser dans le petit verre de son client, de l'alcool, du cidre ou de la bière indéfiniment dilués, tandis qu'il est traqué pour un mouillage inoffensif et presque toujours nécessaire de son vin, tu te rangeras bien vite à mon opinion, j'en ai la conviction certaine.

C'est pourquoi, je te l'avoue avec la plus entière franchise, j'ai été fort étonné, et du reste je ne te l'ai pas laissé ignorer, de voir que, dans ton programme politique, tu parles de toutes les libertés : article premier, liberté de parler, d'écrire, de se réunir et de s'associer soumises au droit commun; mais de la liberté commerciale, pas un mot! Pourquoi cette indifférence, cet oubli?

Car enfin, pourquoi ces anomalies? Pourquoi ne pas protéger au même titre celui qui consomme de la bière, du cidre ou l'eau-de-vie et celui qui n'aime que le jus du raisin, si ce n'est pour cette raison unique, qu'à l'égard des spiritueux, il serait monstrueux d'imposer une teneur alcoolique plus ou moins élevée, qu'à l'égard des produits de la fermentation des pommes et du houblon, on se montre indifférent, ces produits aux yeux du fisc et de l'octroi étant infimes, tandis que celui du vin constitue le plus beau fleuron des revenus de la capitale et qu'on s'efforce, par suite, d'en augmenter l'importance. Sans y parvenir, au surplus, je me hâte de le dire et la preuve, c'est que la consommation des vins, depuis dix années, malgré l'accroissement de la population, a diminué d'environ un million d'hectolitres, sur une quantité de cinq millions.

Et veux-tu que je te dise à quoi tient cette énorme réduction? Précisément aux persécutions dont les débitants ont été l'objet; à la réglementation qu'on a prétendu leur imposer relativement à la qualité des marchandises qu'ils mettent en vente; aux efforts que l'on a tentés pour les faire mettre en suspicion vis-à-vis des consommateurs, efforts qui n'ont abouti qu'à effrayer un grand nombre de ces derniers auxquels on est arrivé à persuader que le vin du commerce n'était plus qu'une infâme mixture tripotée dans les antres de nos Locustes modernes.

Je ne te décrirai pas l'effet déplorable que le discrédit dont on a fait tout son possible pour entourer le commerce des vins, a produit à l'étranger. Il me suffira, si tu le veux bien, de te faire lire une série d'articles publiés dans les journaux d'au delà du Rhin ou des Alpes, où on ne nous représente rien moins que comme un peuple de falsificateurs, recourant à tous les procédés chimiques, pour donner à nos vins les qualités ou les apparences qu'ils n'ont pas en réalité.

En l'état actuel de la législation de circonstance que l'on a créée, les marchands de vins de la capitale étant assujettis à l'article 423 du Code pénal qui condamne à trois ans de prison, au minimum, et à l'amende quiconque aura trompé l'acheteur sur la nature de toutes marchandises, sont renvoyés devant les tribunaux, suivant décisions prises par des employés ayant pour mission de reconnaître le plus ou moins d'eau que le vin destiné à la consommation doit contenir, et dès lors, condamnés, comme falsificateurs, à la prison, à une amende plus ou moins forte, et à l'affichage du jugement à leur porte, sans te parler de la privation des droits civiques qui peut être prononcée par le juge, conformément à la loi du 27 mars 1851.

Un laboratoire municipal, comme je te l'ai dit plus haut, a été institué pour rechercher cette prétendue fraude du mouillage et n'a pas d'autre mission, en réalité, que d'être le grand pourvoyeur des tribunaux correctionnels auxquels on défère tous ceux que l'on peut convaincre de s'être rendus coupables d'addition d'eau dans leurs produits.

A cet effet, toute une logomachie chimico-vinicole a été inventée. Le vin doit doser une proportion d'alcool déterminée et l'extrait sec doit y entrer pour un poids fixé. Tant pis si le soleil s'est montré avare de sucre dans les raisins et si le sol ne leur a pas fourni la proportion de matière extractive imposée. Le marchand de vin doit y suppléer sous peine de condamnation certaine et c'est pour s'y soustraire que ces modestes industriels sont devenus des chimistes, tandis que nos négociants en gros, au grand désavantage de notre production nationale, ont dû aller à l'étranger, y chercher, chaque année, jusqu'à douze millions d'hectolitres d'un vin épais et surviné, susceptible de satisfaire aux exigences imposées par le laboratoire municipal.

Je ne te raconterai pas les luttes épiques soutenues contre cette institution et qui se sont terminées, en fin de compte, par une espèce de transaction qui a dû, — je n'ai pas besoin d'insister sur ce point, — surprendre profondément les étrangers que nous avions conviés à notre magnifique Exposition de 1889 et qui n'ont pas pu lire, sans stupeur, dans tous les établissements de la capitale où l'on débite du vin, sur une pancarte placée en évidence, une note ainsi conçue : *Tous les vins vendus ici sont artificiels.*

Victoire à la Pyrrhus, tu l'avoueras, remportée là par une administration ombrageuse et peu initiée.

Car enfin, si tu veux bien y réfléchir, est-ce donc là un si grand crime que commet le débitant qui mouille son vin de manière à le mettre à la portée de toutes les bourses?

Je t'affirme que c'est une nécessité; je t'affirme que la ménagère qui demande un litre à 12, 13 ou 14 sous ne consentira jamais à aller plus haut et qu'elle n'ignore pas qu'à ce taux, le vin qu'elle achète à pu subir un mouillage proportionnel au prix qu'elle entend payer.

Lorsqu'on vient prétendre qu'un débitant qui mouille ses produits, vole son client, je ne saurais trop m'inscrire en faux contre cette allégation mensongère, car son prix de vente, je le répète, est proportionné à la quantité du mouillage.

J'ai souvent entendu présenter cette objection, que le débitant pourrait vendre son vin sans aucune addition d'eau, le client restant libre de procéder à cette addition comme il l'entendrait. Cette objection ne me paraît pas fondée, car il n'est point indifférent que le mélange soit effectué dans le tonneau ou dans la bouteille.

Dans le tonneau, lorsque l'on agit sur de grandes quantités à la fois, l'incorporation aqueuse se fait mieux, le mélange s'opère intimement, tous les principes constitutifs du vin s'alliant d'une manière complète, si bien que les éléments aqueux font corps avec eux, comme si c'eût été la nature qui eût fait elle-même ce travail d'élaboration.

L'eau mélangée à la bouteille, produit un liquide souvent détestable et toujours altérable à bref délai.

M'objecteras-tu qu'il faut cependant une limite à toutes choses et qu'il convient de protéger le consommateur contre l'abus du mouillage auquel pourrait se laisser aller le débitant sans scrupule, affamé par l'appétit d'un gain démesuré.

A cela, il me suffira de te répondre : « Sois tranquille, le consommateur saura se protéger lui-même et du jour où son palais ne sera pas satisfait avec le vin qu'il achète à côté, il se hâtera d'aller en face, voir si on le traitera mieux ».

C'est au libre jeu de la concurrence, qu'il faut laisser le soin de corriger tous les abus auxquels pourraient être incités les individus. C'est par le libre jeu de la concurrence, dis-je, que tout commerçant est amené à faire mieux que son voisin et à fournir en plus grande quantité et à meilleur marché, des marchandises d'une qualité supérieure.

C'est la liberté commerciale contre laquelle il n'y a lieu d'exercer de répression qu'alors qu'elle devient criminelle, qu'elle attente à la santé publique, au moyen de mixtions nuisibles. Alors, mais alors seulement, nous voulons bien qu'on soit impitoyable à son endroit.

Que ceux d'entre nos édiles, qui sont assez initiés à la réalité des choses ou assez intelligents pour s'être fait une saine appréciation de la question, que nos chambres syndicales du commerce des vins continuent donc à attaquer vigoureusement la législation actuelle, qu'ils en demandent la revision, car, sous son empire, le coupable est souvent innocenté, et l'innocent condamné. Qu'ils se souviennent que la loi de l'offre et de la demande ne saurait être considérée comme une lettre morte. Qu'ils hissent le drapeau de la liberté commerciale, qu'ils se cramponnent à sa hampe, et qu'ils restent persuadés que ce drapeau résistera à toutes

les tempêtes, car il a pour devise, celle de la ville de Paris :
Fluctuat nec mergitur.

Tels sont les vœux que je forme depuis trente ans, pour
cette phalange d'hommes laborieux, MM. les marchands de
vins de la capitale; puissent-ils bientôt être exaucés!

LES PARFUMEURS

Historique. — Les maîtres gantiers de Paris, en vertu de
leurs statuts de 1582 renouvelés en 1656, avaient le droit
d'appliquer, de vendre et de débiter toutes sortes de parfums tels que le musc, l'ambre gris et la civette; ils parfumaient les gants qu'ils taillaient et cousaient, et se livraient
à certaines manipulations comme le prouve un arrêt du
26 novembre 1594 : « *qui leur défend de vendre ni débiter
séparément aucun parfum ni autres senteurs que ceux qu'ils ont
faits ou composés.* »

L'usage habituel des odeurs, du fard et de la poudre
s'étant introduit dans les mœurs françaises, les gantiers
parfumeurs s'ingénièrent, à l'exemple des Italiens, à augmenter le nombre et à varier la composition des eaux de
senteur dans lesquelles ils faisaient entrer les parfums de
Rome et de Florence, du Languedoc et de la Provence. Ils
joignirent à leurs attributions la fabrication de la poudre de
farine et d'amidon à laquelle ils mêlaient des poudres de
violette, de Chypre ou d'iris; plus tard, ils cessèrent de faire
venir de Bologne les savonnettes dont on se servait pour la
barbe et les mains, et ils commencèrent à fabriquer avec du
savon de Toulon et de Marseille, des savonnettes en pain
ou en boule qu'ils parfumaient au Néroli, à l'odeur de Naples,
d'œillet, de frangipane ou d'acaxie de Rome. Vers la fin du
règne de Louis XIV, un industriel parisien, nommé Bailly
faisait ainsi des savons de toilette estimés qu'il expédiait
en province, même à l'étranger. Au XVIIIe siècle, les produits

de la parfumerie parisienne se multiplièrent, et, en 1750, il n'y avait point un seul gantier qui ne vendît dans sa boutique, à côté des pommades et des quintessences de Grasse, quelque composition particulière. L'un vantait son eau de joubarbe parfaite pour blanchir et rafraîchir le teint, l'autre une essence de savon dont il ne fallait que six gouttes pour se raser, ou bien encore une pâte liquide incorruptible pour se laver les mains sans eau. Tous préparaient des poudres à la maréchale, à l'œillet, à la violette, à l'odeur de mousseline, etc., des eaux pour le teint, parmi lesquelles on appréciait surtout les eaux de lis, l'eau des sultanes, l'eau d'argentine et de plantin, et le lait virginal. Le rouge était encore un des principaux éléments de leur fabrication, ainsi que les pâtes d'amandes douces et amères, les pommades pour le teint, telles que la crème d'amande, celle de limaçon, etc., les eaux pour la bouche, les vinaigres de lavande, de myrte, des quatre voleurs et les pastilles à brûler, ambrées, musquées ou autres. Mais quelles que fussent l'habileté des parfumeurs parisiens et la finesse de leurs produits, les manipulations auxquelles ils se livraient ne constituaient pas une fabrication largement organisée, aussi demeurèrent-ils constamment réunis aux gantiers qui furent eux-mêmes incorporés avec les boursiers et les ceinturiers, lors de la réorganisation des communautés, en 1776.

Après la Révolution, la fabrication de la parfumerie devint beaucoup plus importante à Paris. Plusieurs maisons, fondées dans les premières années du xixe siècle, donnèrent vers 1840, une certaine extension à leurs affaires; toutefois, c'est seulement depuis 1850 que la parfumerie parisienne a pris les proportions d'une grande industrie, par suite de l'application de la vapeur dont l'emploi, comme moteur et comme calorique, a donné les moyens de fabriquer plus vite et à meilleur marché, de supprimer les chances d'incendie, et d'éviter, dans la distillation des essences et la fonte des corps gras, les *brûlages* qui nuisaient à la qualité des produits.

Les produits de Paris, avec ceux de Lyon et de Marseille, constituent ce que l'on peut appeler la « parfumerie française de marque » ; il est à noter cependant que plusieurs industriels parisiens ne sont pas simplement parfumeurs, mais qu'ils se livrent aussi à la production des parfums.

Parmi les principaux produits de la parfumerie parisienne, les eaux pour le teint et pour les cheveux, et les dentifrices solides et liquides, tiennent une place fort honorable.

Je ne connais pas le secret de la fabrication de cette branche d'industrie, mais je sais que toutes nos maisons de parfumerie emploient des trois-six d'industrie, des corps gras et des essences de première qualité, en quantité relativement très importante. J'ai sous les yeux une liste de nos principales maisons de parfumerie sises rue d'Hauteville, boulevard de Strasbourg, boulevard de Sébastopol, rue Sainte-Anne, rue Saint-Denis, rue d'Argout, rue de Rivoli et rue d'Enghien, dont je tairai les noms, employant par an, les unes 120, 180, jusqu'à 200 pipes de trois-six ; les autres 60, 50, 40 et 30, et les moins importantes consomment de 15 à 20 pipes.

En 1872, suivant l'enquête sur les conditions du travail en France, il existait à Paris, 255 fabricants de parfumerie et de savon. Ils étaient et sont encore aujourd'hui particulièrement établis dans les Ier, IIe, IIIe, IVe, IXe, X^e et XIXe arrondissements.

Les quartiers du Palais-Royal, Gaillon, Vivienne, du Mail, de Bonne-Nouvelle, des Arts-et-Métiers, de Saint-Merri, de la porte Saint-Denis et de la Villette sont ceux qui en renferment le plus.

Le nombre d'ouvriers que cette industrie occupe est assez considérable, il s'élève à 1,855 et se décompose comme suit : hommes 977, femmes 878.

Multipliant le nombre des parfumeurs 255 par la moyenne des loyers 5,000, et le produit par la taxe de 12 0/0, j'aurai une somme de 153,000 francs que je ferai figurer à l'actif du budget de la ville de Paris. Soit $255 \times 5,000 = 127,500 \times 12\ 0/0 = 153,000$.

BALS, CONCERTS PUBLICS ET CAFÉS CHANTANTS

Historique. — Le bal de l'Opéra, institué par ordonnance du Régent le 31 décembre 1715 fut pendant longtemps le seul bal autorisé qu'il y eût dans Paris. En 1753, personne ne pouvait encore donner de bal moyennant rétribution, et ce fut seulement vers 1765 qu'on accorda des permissions spéciales pour ouvrir des établissements analogues à ceux qui existaient en Angleterre. L'une des premières salles de bal fut celle du Vaux-Hall, construite au milieu de la foire Saint-Germain, à l'extrémité de la rue de Tournon. On y dansait du 3 février jusqu'au samedi de la Passion, c'est-à-dire pendant toute la durée de la foire. Vinrent ensuite le Ranelagh et le Colysée. Les entrepreneurs de ce dernier établissement, qui avait coûté plusieurs millions, tombèrent en faillite après avoir essayé vainement d'attirer le public, d'abord par des joutes sur l'eau et des feux d'artifices, et ensuite par des danses qu'ils organisèrent en 1777. Au Colysée succéda la Redoute Chinoise bâtie dans l'enceinte de la foire Saint-Laurent, sur les dessins de l'architecte Mellan et décorée par le peintre Munich. Ce nouvel établissement où l'on entrait pour une livre seize sols, restait ouvert du 1er juillet au 30 septembre. Le bal avait lieu dans un kiosque et un salon chinois au-dessous desquels une grotte servait de café ; des balançoires, des escarpolettes, des jeux de bagues et de trou-madame étaient disposés dans le jardin. Deux grandes entreprises se formèrent encore pendant les années qui précédèrent la Révolution : Un Vaux-Hall d'hiver ou Panthéon destiné à remplacer le Vaux-Hall de la foire Saint-Germain, supprimé en 1785, fut construit par l'architecte Lenoir, au coin des rues de Chartres et Saint-Thomas du Louvre ; et un Vaux-Hall d'été s'ouvrit boulevard Saint-Martin, près du boulevard du Temple, dans un vaste jardin où les eaux tombaient en cascades sur des rochers artificiels.

Le beau monde commençait à prendre le chemin de ces établissements, tandis que le peuple allait danser le dimanche dans les guinguettes des Porcherons, de la Nouvelle-France, de la Courtille, de Belleville, des Prés-Saint-Gervais, de Ménilmontant, de Charonne, de Gentilly, de Vaugirard et du Gros-Caillou.

Les troubles intérieurs sous la République et la guerre sous l'Empire n'empêchèrent point les bals de se multiplier. La Rotonde de Paphos, au n° 110 du boulevard du Temple, fut l'une des maisons les plus fameuses de cette époque ; on y dansait et l'on y jouait comme aux galeries du Palais-Royal et à Frascati.

En 1843 les frères Mabille introduisirent dans le jardin de l'allée des Veuves un luxe de décoration et d'éclairage qui dépassait tout ce qu'on avait pu voir dans les bals publics. Le succès de cet établissement détermina l'organisation des bals du Jardin d'Hiver, et la création du Château-des-Fleurs et du Château-Rouge. Ces divers établissements ont cessé d'exister et ont été remplacés par le Casino de la rue Cadet, la Closerie des Lilas, et la salle Barthélemy, les bals Dourlens, l'Élysée-Montmartre, de la Boule-Noire.

Il est surtout un genre d'établissement dont le nombre s'est accru considérablement dans ces derniers temps, ce sont les cafés-concerts et les cafés chantants, et l'on compte parmi les plus brillants l'Eldorado, l'Alcazar, Bataclan, etc., et ceux qui contribuent à l'animation de la promenade des Champs-Élysées.

Les bals publics, les cafés-concerts et les cafés chantants se rencontrent dans tous les arrondissements de Paris, excepté peut-être dans les Ier et IIe arrondissements. Les quartiers des Champs-Élysées, de Clignancourt, de la Villette et les rues adjacentes de nos grands boulevards à la Madeleine, en contiennent le plus. On ne fait pas que de danser, ni d'entendre de la musique dans ces établissements, on y consomme du vin, de la bière, de l'absinthe, des sirops, dont le prix ne répond pas toujours à la qualité. Le personnel en est très nombreux; il se compose : (Hommes) chefs d'orchestre, chanteurs, musiciens, inspecteurs ou surveillants de la danse, contrôleurs, percepteurs buralistes, garçons de service, gardiens, hommes de peine et garçons supplémentaires, etc. (Femmes) chanteuses, artistes, dames de comptoir. Tous ont droit aux rafraîchissements qui leur sont nécessaires.

Multipliant le nombre de ces établissements par le valeur moyenne de leurs loyers, nous aurons un produit de 630,000, soit 90 × 7,000, et appliquant à ce produit la taxe de 12 0/0 nous ferons figurer à l'actif de la Ville un revenu de 75,000 francs.

ENTREPOSITAIRES DE CIDRES

Croirais-tu, mon vieux camarade, qu'une lettre du département de la Sarthe, m'invitant à assister au concours que j'ai conseillé pour les plantations des arbres à fruits à cidre, me fait apercevoir que je ne t'ai pas dit un mot des divers entrepositaires de cette boisson salutaire, que je serais si aise de voir se propager dans l'intérêt général. Je répare cet oubli fort involontaire en te prévenant que je les ferai figurer pour mémoire.

CHAPITRE IV

LIQUIDES

LIQUIDES AUTRES QUE LES BOISSONS

ET ALCOOLS DÉNATURÉS

Ce chapitre, sous la dénomination de liquides autres que les boissons et les alcools dénaturés, comprend : le vinaigre, la bière, les raisins, les huiles d'olive, les huiles de toute espèce autres que celle d'olive, l'huile animale sortie des abattoirs, les huiles et essences minérales, les vernis autres que ceux à l'alcool, l'essence de térébenthine, les goudrons liquides à l'état brut, l'éther, verjus, sureau, lie et les raisins secs, et il fait affluer annuellement dans la Caisse municipale une somme de 15,000,000 de francs environ.

PRODUIT DES DROITS D'OCTROI — LIQUIDES — 1887	SOMMES
Vinaigres, Acide acétique cristallisé, Conserves au vinaigre, Lie de vin, Verjus, Sureau.	777.032 23
Huile d'olive, Huiles de tout autre espèce, Huile animale provenant des abattoirs	4.429.922 89
Bière à l'entrée et à la fabrication.	3.945.270 68
Raisins.	496.932 07
Huiles et Essences minérales.	4.562.143 58
Vernis gras, Couleurs à l'huile, Essences autres que celles minérales, Gondrons liquides à l'état brut, Éther, Chloroforme, etc.	695.392 36
Raisins secs.	103.641 33
Total.	15.010.335 14

J'ai beau, depuis trois heures, triturer ce joli denier sous toutes ses faces, pour lui faire suer un centime au profit de mon protégé, que je ne puis y arriver. Rien n'y fait, il me glisse sans cesse entre les doigts; cela tient sans doute à la nature oléagineuse de sa constitution. Sous le coup d'une fatigue extrême provoquée par ces recherches incessantes et inutiles, j'en étais réduit à me demander si les huiles introduites dans Paris ne seraient pas aussi introuvables que celles qui devaient figurer dans la cuve de M. Dumont, cet entrepositaire de Saint-Ouen qui, très malin, a trouvé moyen de faire warranter 7,000,000 de kilogrammes d'huiles qui n'existaient dans une cuve qù'à l'état de mythe. Mais me suis-je dit, le cas n'est pas le même : si les huiles dont je parle ont payé 15,000,000 de droits d'octroi, c'est qu'elles existaient; reste à savoir d'où elles venaient et où elles sont allées.

Le tableau ci-contre démontre que les quantités de liquides de cette nature, introduites en 1887, se sont élevées comme suit :

LIQUIDES — QUANTITÉS INTRODUITES EN 1887	HECTOLITRES	KILOGRAMMES
Vinaigre de toute espèce	39.572	
Bière à l'entrée ou à la fabrication	263.017	
Raisins		8.626.162
Huile d'olive.		1.278.325
Huiles de toute espèce autre que celle d'olive .		11.393.937
Huile animale sortie des abattoirs.		70.325
Huiles et Essences minérales.	211.208	
Vernis autres que ceux à l'alcool.	7.040	
Essence de térébenthine.	25.674	
Goudrons liquides à l'état brut.		884.094
Éther	1.433	
Verjus, Sureau, Lie.	1.587	
Raisins secs		64.365

Ces quantités ont été frappées des droits d'octroi et des droits d'entrée suivant le tarif ci-après :

Tarif des droits d'octroi de Paris et des droits d'entrée perçus au profit du Trésor public.

NUMÉROS DES ARTICLES	DATES des lois, ordonnances, décrets ou arrêtés du Gouvernement approuvant les droits — D'OCTROI	— DU TRÉSOR	DÉSIGNATION DES OBJETS ASSUJETTIS AUX DROITS	UNITÉ sur laquelle portent les droits	TAXES	SUR-TAXES ou décimes	DROITS d'octroi, surtaxes ou décimes compris	DROITS d'entrée perçus au profit du Trésor en principal	MONTANT des décimes	DROITS d'entrée perçus au profit du Trésor Décimes compris	TOTAL des DEUX DROITS décimes compris	DISPOSITIONS RÉGLEMENTAIRES
8	»	L. 31 déc. 1873	Huiles et autres liquides pouvant être employés comme huile, à l'exception des huiles minérales.	100 k.	»	»	»	12 »	3 »	15 »	»	

NUMÉROS DES ARTICLES	DATES des lois, ordonnances, décrets ou arrêtés du Gouvernement approuvant les droits — D'OCTROI	— DU TRÉSOR	DÉSIGNATION DES OBJETS ASSUJETTIS AUX DROITS	UNITÉ sur laquelle portent les droits	TAXES	SUR-TAXES ou décimes	DROITS d'octroi, surtaxes ou décimes compris	DROITS de consommation perçus au profit du Trésor en principal	MONTANT des décimes	DROITS de consommation perçus au profit du Trésor Décimes compris	TOTAL des DEUX DROITS décimes compris	DISPOSITIONS RÉGLEMENTAIRES
9	D. 7 mars 1878	L. 17 juillet 1873	VINAIGRES CONTENANT : 8 0/0 d'acide acétique et au-dessous	hectol.	15 »	3 »	18 »	4 »	1 »	5 »	23 »	Les acétates de toute nature, les acides pyroligneux bruts ou épurés, les pyrolignites et toute autre substance ou liquide pouvant servir à la fabrication des vinaigres ou des acides acétiques, seront imposés en proportion de la quantité d'acide acétique qu'ils pourront produire. Toutefois, la taxe ne sera pas applicable à celles de ces matières qui, destinées à d'autres industries, seront mises en entrepôt fictif, et dont l'emploi serait régulièrement constaté par le service de l'octroi.
			De 9 à 12 0/0 d'acide acétique	Id.	22 50	4 50	27 »	6 »	1 50	7 50	34 50	
			De 13 à 16 0/0 d'acide acétique	Id.	30 »	6 »	36 »	8 »	2 »	10 »	46 »	
			ACIDES ACÉTIQUES ET VINAIGRES CONTENANT : 17 à 30 0/0 d'acide acétique	Id.	56 25	11 25	67 50	15 »	3 75	18 75	86 25	
			31 à 40 0/0 d'acide acétique	Id.	75 »	15 »	90 »	20 »	5 »	25 »	115 »	
			Plus de 40 0/0 d'acide acétique	Id.	150 »	30 »	180 »	42 »	10 50	52 50	232 50	
			Acide acétique cristallisable ou à l'état solide	100 k.	187 50	37 50	225 »	50 »	12 50	62 50	287 50	
10	D. 7 mars 1878	»	Fruits et conserves au vinaigre, verjus, sureau, hièble en fruits ou en jus, vins gâtés et lies liquides ou épaisses.	hectol.	10 »	2 »	12 »	»	»	»	»	Les fruits ou conserves à l'huile ou au vinaigre, avec ou sans liquide, sont imposés sur leur volume total. Toute lie qui n'est pas dans un état de siccité complète est passible du droit.

Tarif des droits d'octroi de Paris et des droits d'entrée perçus au profit du Trésor public.

NUMÉROS DES ARTICLES	DATES des lois, ordonnances, décrets ou arrêtés du Gouvernement approuvant les droits d'octroi.	DÉSIGNATION DES OBJETS ASSUJETTIS AUX DROITS	UNITÉ sur laquelle porte les droits.	TAXES	SUR-TAXES ou décimes	DROITS d'octroi, surtaxes ou décimes compris	DISPOSITIONS RÉGLEMENTAIRES
12	D. 11 mars 1852.	Bière à l'entrée	hecto¹.	12.50	2.50	15 »	Le droit est dû à l'entrée sur les huiles de toute espèce, quel que soit leur emploi.
13	Id.	Bière à la fabrication	Id.	12.50	2.50	15 »	
14	D. 3 novembre 1853.	Chasselas, muscat et autres raisins non foulés de toute espèce	100 k.	4.80	0.96	5.76	
15	D. 28 juillet 1871, L. 5 mai 1871, L. 29 décembre 1876.	Huile d'olive, fruits et conserves à l'huile, huiles parfumées de toute espèce	Id.	43.700	8.741	52.45	
16	D. 28 juillet 1871, L. 3 août 1871, L. 29 décembre 1876.	Huile de toute autre espèce, provenant de substances animales ou végétales; huiles animales sortant des abattoirs.	Id.	27.325	5.465	32.79	
17	D. 28 juillet 1871.	Huiles et essences minérales.	hectol.	18 »	3.60	21.60	
18	Id.	Vernis de toute espèce autres que ceux à l'alcool.	Id.	18 »	3.60	21.60	
19	D. 3 novembre 1853, D. 3 juillet 1865.	Blanc de céruse ou de zinc et autres couleurs contenant de l'huile, de l'acide oléique et toute autre substance pouvant être employée comme huile: dégras de toute espèce: graisse ou mélanges pouvant être employés comme dégras ou pour le graissage des machines: feces, pieds d'huile et autres résidus d'huile.	Id.	9.50	1.90	11.40	
20	D. 3 novembre 1853, D. 3 juillet 1865.	Essences autres que les essences minérales, liquides de toutes sortes pouvant être employés comme essence et tous produits liquides résultant de la distillation des goudrons, assimilables à l'essence	Id.	8.50	1.70	10.20	
21	Id.	Goudrons liquides à l'état brut et liquides provenant de la distillation des goudrons, non assimilables à l'essence	100 k.	0.60	0.12	» 72	

Dispositions réglementaires (suite):

Les huiles et substances désignées ci-contre, cuites, altérées ou mélangées avec d'autres substances, sont soumises aux droits pour leur volume entier et sont assujetties au droit le plus élevé des huiles qui entrent dans leur composition. Il n'est fait aucune réduction pour lies, sédiments ou pieds d'huile.

Les graines oléagineuses, les farines en provenant, sont soumises aux droits d'après la quantité d'huile qu'elles sont présumées contenir et qui sera déterminée par l'Administration de l'Octroi, sous l'approbation du Préfet.

Les tourteaux de ces mêmes graines, qui ne seraient pas dans un état complet de dessiccation, seront assujettis aux droits dans la proportion de l'huile qu'ils contiendront.

Les pieds de bœuf ou de vache provenant de l'extérieur en sortant des abattoirs de Paris sont assujettis au droit des huiles autres que celle d'olive, dans la proportion d'un litre d'huile ou 915 grammes pour dix pieds. La même disposition est applicable aux pieds de mouton dans la proportion d'un litre d'huile ou 915 grammes pour cent soixante pieds, et pour les pieds de chèvre, dans la proportion d'un litre d'huile ou 915 grammes pour vingt pieds.

Les vernis, les dégras et autres produits désignés aux articles 18 et 19, qui contiennent plus de la moitié de leur volume en huile, acide oléique ou autres, substances imposées comme huile, sont imposés en entier au droit des huiles mentionnées à l'article 16.

Les mastics sont imposés d'après la quantité d'huile qu'ils contiennent.

Il en est de même des cirages contenant plus de 60 0/0 d'huile.

Les feutres, cuirs, laines et autres objets quelconques, traités ou préparés à l'alcool ou à l'huile, qui laisseraient échapper de ces liquides, ou dont il serait possible de les extraire, seront imposés en raison de la quantité qu'ils en contiendront.

Toute substance désignée dans l'article ci-contre, cuite, altérée ou mélangée, est taxée comme essence pure.

La bière ayant été englobée dans l'article Boissons, je n'en parlerai ici que pour mémoire et signerai en outre un *exeat* pour cette tête de Turc des députés du Midi, ce tombeur du ministère Tirard, le raisin sec, en reconnaissance des services qu'il rend aux classes laborieuses des villes et des campagnes; puis, louvoyant de droite à gauche, je tâterai les négociants en huile d'olive, leurs confrères en huiles et essences minérales, les épurateurs d'huiles, sonderai ensuite leurs clients les plus directs, c'est-à-dire, les fabricants de couleurs, les peintres en bâtiments, les vinaigriers et les moutardiers, etc., afin de glaner une petite piécette que je serai bien fier de faire figurer au compte Octroi de la ville de Paris.

HUILES D'OLIVES

Un arbre de la famille des Oléacées, l'olivier commun, que l'on rencontre sur les bords des routes et dans les plaines de l'Hérault, de l'Aude, des Pyrénées-Orientales, de l'Isère et dans les environs de Grenoble, produit un fruit charnu et abondant, dont on extrait une liqueur onctueuse connue sous la dénomination d'huile d'olive. La qualité de cette huile tient à la fabrication et à la nature des fruits.

On appelle huile vierge, celle qui provient du fruit écrasé par une roue verticale. Cette huile ainsi obtenue est très douce, verdâtre et de qualité supérieure. La pâte qui forme le résidu de cette opération est soumise d'abord à l'action de l'eau bouillante, puis à une nouvelle pression plus considérable; l'huile qui résulte de cette seconde opération constitue l'huile d'olive ordinaire.

L'olive trop mûre donne une huile trop pâteuse et l'olive encore verte fournit une huile amère qui a reçu des anciens le nom de huile *omphacine*. La meilleure est celle des arbres qui ont végété dans les terres calcaires ou caillouteuses, surtout lorsqu'elle a été obtenue par des fruits cueillis un peu avant leur maturité.

Le commerce d'huiles d'olive sollicité par les nombreux et importants usages de l'huile d'olive dans l'art culinaire, la médecine et l'industrie a pris une extension fort respectable.

La ville de Paris est alimentée d'huiles d'olive par les propriétaires récoltant, faisant acte de négoce sans en supporter les charges et par des négociants en gros vendant par l'intermédiaire de représentants au commerce de l'épicerie, et qui ont comme type de leurs produits et pour répondre aux besoins les plus pressants de la clientèle, des huiles en dépôts, dans les entrepôts de Paris, du quai Saint-Bernard et du grand Entrepôt de Bercy.

Quel est le nombre exact des négociants en huiles d'olive sur la place de Paris? Je l'ignore. Je ne connais par renseignements puisés à la Bourse du commerce que les maisons suivantes : MM. Moreau, 30, rue Saint-Marc; Orange, 28, rue de Flandre; Plagniol de James, 57, boulevard Haussmann; Rebertet et Cie, rue des Petites-Écuries; Gardoir, 43, rue de Rennes. Je sais en outre que MM. de Maistre et Camous, ayant un dépôt chez M.F. Perdrier, négociant à Bercy et M. Valéry, en ayant un également à l'Entrepôt général, font des affaires importantes, leurs marques étant très estimées dans le commerce des comestibles.

L'huile à manger ne provient pas seulement du fruit de l'olivier. Des graines de certaines plantes de la famille des Pédalinées, celle du Sésame entre autres, que l'on cultive dans le Levant et en Égypte, renferment une forte proportion d'huile fixe, de saveur douce, lente à rancir et que les Orientaux et bon nombre de Parisiens préfèrent à l'huile d'olive.

HUILES A BRULER

Les huiles dont on fait surtout usage pour l'éclairage sont celles de colza, d'œillette, de navette et d'arachides, c'est-à-dire d'huiles grasses et peu siccatives ; mais elles ont besoin d'être débarrassées de quelques matières étrangères qu'elles tiennent en suspension. Cette purification s'opère d'après une méthode expérimentée, dit-on, par Gower, en Angleterre, vers 1790, et recommandée par Thénard en 1801, au moyen de l'acide sulfurique concentré. On verse dans l'huile 2 0/0 en poids d'acide sulfurique à 66° de l'aréomètre de Baumé ; on brasse le mélange puis on ajoute deux fois son volume d'eau. L'eau entraîne toutes les matières étrangères qui se déposent au fond du vase et qui sont ensuite séparées par filtration à une température d'environ 40°.

ÉPURATEURS D'HUILES

Toutes les huiles à brûler introduites dans Paris n'ont point été épurées, et celles qui ne le sont pas subissent cette opération chez des négociants qui ont fait installer dans leurs établissements des appareils d'épuration.

Ces huiles sont reçues en transit sous les conditions suivantes : 3 0/0 de boni à leur introduction dans Paris, sans compte de coulage. Un crédit est accordé aux épurateurs d'huiles, suivant l'importance de leur maison ; c'est-à-dire que ceux-ci n'avancent pas les droits d'octroi pour une quantité déterminée d'huiles, mais lorsque la quantité allouée a été atteinte, ils sont tenus d'acquitter les droits pour toutes les huiles dont ils pourraient avoir besoin.

Si MM. les épurateurs d'huiles jouissent d'un avantage réel du non-paiement immédiat des droits d'octroi sur une quantité déterminée, par contre l'absence du compte de coulage leur cause un préjudice assez sensible; de plus, ils sont obligés de payer un droit d'escorte de 3 francs par voiture de marchandises reçues. Ils ne peuvent en outre recevoir dans leurs magasins que des huiles à brûler, l'introduction d'huiles d'olives et autres bonnes à manger étant expressément interdite. Enfin, ils sont astreints à des règlements de comptes mensuels, ainsi qu'à un exercice réel tous les quatre ou six mois.

Les prescriptions administratives ci-dessus énoncées étant observées, les huiles admises en transit circulent librement dans l'intérieur de Paris et peuvent être expédiées au dehors.

Autrefois, ces huiles ne se travaillaient point à Paris et les épiciers en faisaient seulement le commerce en gros et en détail, et les chandeliers, huiliers, moutardiers les débitaient en regrat.

Les chandeliers, d'abord unis au commerce de l'épicerie, en avaient été séparés en 1450, et depuis cette époque, ils étaient sans cesse en querelle avec les épiciers, par suite de la prétention qu'ils affichaient d'être les seuls dépositaires de l'étalon des mesures destinées à la vente des huiles à brûler.

Quoique la consommation des huiles à brûler ait pris, pour Paris, comme tu le sais, un très grand développement, le nombre des négociants épurateurs est assez restreint. A peine comptons-nous plus d'une vingtaine de maisons, et parmi celles-ci les suivantes tiennent le premier rang :

MM. Libersalle de Riencourt, 8, rue de Thorigny.
Lacarnoy fils, 198, avenue du Maine.
Buquet, 9, rue Pavée.
A. Manceaux, 60, rue de la Verrerie.

HUILE ANIMALE

La plupart des animaux de la création, les ruminants, entre autres, avant de rentrer sous les formes les plus diverses, dans le sol qui les a vu naître et les a nourris, laissent des dépouilles opimes qui sont pour l'homme des sources abondantes de bien-être et de richesses. En effet, l'homme, mû par les sentiments instinctif de la conservation, s'approprie pour sa nourriture les morceaux de viande les plus substantiels, s'empare de la peau de l'animal pour couvrir son corps et prémunir ses pieds contre les fatigues des longues marches. Puis enfin, grâce aux bienfaits de la science, il utilise, dans l'intérêt de l'agriculture, des arts et de l'industrie, les os, les viscères et les graisses, en un mot tous les organes constitutifs de la charpente animale.

Aussi rencontrons-nous, installés dans Paris, en dehors des épurateurs d'huiles végétales, des fabricants d'huiles de pied de bœufs, qui fabriquent en même temps de la colle, et tirent parti de la graisse, des laines, du crin, des osselets, des nerfs, des ergots et des quilles provenant des pieds de bœufs ou de moutons.

Je ne veux point m'étendre outre mesure sur l'industrie des fondeurs de suif et de graisse, des fabricants de gélatine et colle, de noir animal, noir de fumée et charbon artificiel, ni sur celle des fabricants d'huile animale; je me contenterai de te dire que ces derniers épurent leur huile en la faisant simplement bouillir avec de l'eau, que leur nombre n'est pas très élevé, qu'il se chiffrait en 1860 par 30, et que je doute fort qu'il ait beaucoup augmenté depuis, par suite de la concurrence des huiles minérales venant d'Amérique et de Russie, et dont l'emploi est aujourd'hui fort répandu dans les fabriques et usines de Paris.

Le commerce des huiles minérales, de pétroles, de schistes et autres, de la place de Paris, est entre les mains d'une vingtaine de maisons ; les quatre suivantes : MM. Desmarais, la Société anonyme de Colombes, MM. Fénaille-Châtillon, d'Aubervilliers, et Deutsch fils, de Pantin, tiennent la tête. Il paraîtrait que ces négociants feraient, comme les raffineurs de sucre, la pluie et le beau temps dans cet article.

Je sens que je me traîne péniblement et à mon grand regret, je ne vois rien apparaître à l'horizon pour mon protégé. Quoi qu'il en soit, je ne veux pas entreprendre l'excursion projetée chez les fabricants de couleurs, chez les peintres en lettres et décorateurs, tous clients directs des négociants en huiles épurées et des fabricants de graisses et de vernis, etc., sans avoir déposé dans la Caisse municipale une somme de 291,600 francs, produit de la taxe de 12 0/0 appliquée aux divers établissements industriels dont il a été fait mention, il y a un instant. Ces établissements d'une valeur locative industrielle de 5,000 francs l'un, s'élèvent à 486, et se décomposent comme suit :

Fabriques de noir animal, de vernis et cirage, colle garance, couleurs, graisses pour voitures, huile animale, de poisson 273
Fondeurs de suifs et fabriques de savons et bougies 60
Moulins à huile à brûler et usines pour l'épuration de cette huile. 23
Négociants en huiles à manger et à brûler. 105
Négociants en huiles minérales. 25
                                                                    486

$486 \times 5,000 = 2,430,000 \times 12\ 0/0 = 291,600$ francs.

FABRICANTS DE COULEURS ET VERNIS

Historique. — Autrefois, la plupart des couleurs vendues à Paris arrivaient de l'étranger ; les plus ordinaires étaient broyées par les épiciers droguistes, les plus fines étaient apprêtées par les peintres eux-mêmes. Il en fut ainsi jusqu'à la fin du XVIIIe siècle. A cette époque, la chimie ayant fait d'immenses progrès, les savants indiquèrent d'une manière exacte la composition des couleurs, et firent connaître les procédés au moyen desquels on obtient les substances qui servent à les fabriquer. L'industrie, mise en possession de méthodes infaillibles, put alors se développer et l'on vit s'élever en France pendant les premières années du XIX⁰ siècle, quelques établissements destinés à l'exploitation de couleurs nouvellement trouvées ou dont le traitement venait d'être perfectionné. Peu à peu, les inventions se multiplièrent. Indépendamment du bleu de zinc et de l'outremer artificiel, qui sont maintenant l'objet d'une fabrication très importante, de nombreuses couleurs se produisirent, les unes dérivées du chrome, telles que le jaune et le vert de chrome, le jaune de zinc, le vert émeraude ; les autres tirées du cuivre ou du cobalt, comme le vert de Scheele, le bleu Thénard, le bleu d'azur ; plusieurs obtenues par les cyanures ; d'autres enfin extraites des végétaux, parmi lesquelles on peut citer le carmin de garance et les laques connues sous le nom de laque de Rome, de Mme Gobert, de Robert, de Sèvres, etc.

Cependant, malgré les progrès accomplis dans l'art de composer les couleurs, il n'existait à Paris, vers 1838, que de simples marchands se livrant à des manipulations peu difficiles, et faisant le broyage à la molette ; l'établissement le plus important qu'il y eut alors dans la capitale était le bateau broyeur, amarré sur la Seine entre le Pont-Neuf et le pont du Châtelet. Ce fut seulement en 1839 que MM. Lefranc fondèrent à Grenelle une usine dans laquelle fonctionnèrent, pour la première fois à Paris des moulins et des cylindres à broyer mus par la vapeur.

Autant de couleurs, autant de compositions différentes : les unes sont des matières minérales, les autres des sulfures, des sels, des oxydes ; beaucoup comme le carmin, sont extraites d'un végétal ou d'un animal ; enfin quelques couleurs sont produites par la carbonisation de certaines matières organiques. La fabrication de toutes ces couleurs

exige des soins trop spéciaux, une surveillance trop attentive, un matériel trop dispendieux pour qu'elle puisse être
concentrée dans une seule usine; aussi chaque établissement n'est-il organisé que pour faire un certain nombre
de couleurs; quelques industriels ont même une spécialité
à laquelle ils se consacrent exclusivement. Une fois fabriquées, les couleurs reçoivent les préparations qu'exige leur
emploi dans les beaux-arts, le bâtiment, la carrosserie,
l'industrie des papiers peints et quelquefois, celle des
fleurs artificielles; elles sont broyées, à l'huile, à l'eau, à
la gomme, puis apprêtées sous forme de pains, de tablettes,
de pastilles, de crayons, ou mises en tubes ou en vessies.
L'outillage des fabriques de couleurs a beaucoup progressé
depuis vingt ans; il se compose de machines à mélanger et
à triturer, de pilons, de mortiers, de moulins, de cylindres
et autres machines à broyer. Les pastilles de couleurs à
l'aquarelle sont découpées à l'emporte-pièce; les crayons de
pastel sont moulés au moyen d'une machine à pression
que l'on emploie aussi pour fouler les couleurs à l'huile
dans les tubes de métal, et pour faire les rubans de couleurs
divisés ensuite par tablettes dont on imprime les deux faces
à l'aide d'un timbre.

Plusieurs industriels fabriquent non seulement des
couleurs, mais aussi certains produits accessoires, tels que
les cirages, les mastics, les encres à écrire, bleues ou
rouges, et se livrent à la fabrication des vernis.

La science a rendu pour les vernis, les mêmes services
que pour les couleurs; elle a divulgué les recettes restées
incertaines ou conservées à l'état secret; mais le choix de
bonnes matières, la connaissance des procédés et des dosages
ne suffisent point pour ce genre de fabrication, et ce
qu'on appelle en terme du métier le *tour de main*, a la plus
grande influence sur la qualité des produits. Le succès des
préparations dépend en effet de la manière de chauffer, du
degré de température, du moment où l'on fait les décan-
tations, de la conservation à l'air libre ou en vase clos et

de précautions multiples dont l'expérience révèle l'opportunité.

Pendant longtemps les Anglais ont fabriqué des vernis supérieurs aux nôtres. Il n'y a plus maintenant que les vernis à finir qui soient préférés aux nôtres pour la carrosserie. Les vernis à polir et à poncer, fabriqués en France, ne le cèdent point aux produits anglais pour la qualité, et ils ont, en outre, l'avantage d'être à plus bas prix. Quant aux vernis pour tableaux, reliure, cuirs et cuivres d'ornements, la France les fait meilleurs que toutes les autres nations.

L'alcool, les essences, les carbures d'hydrogène, l'huile de lin, la gomme copal, le succin, les résines et les térébenthines sont les principaux éléments de la composition des vernis. Les prix de l'alcool influent malheureusement par leurs variations sur la qualité des produits et, pendant un certain temps, l'infériorité des vernis français n'a point eu d'autres causes. En ce moment les vernis parisiens, jouissent à l'étranger d'une faveur qui ne fera que s'accroître, si les fabricants persistent dans la voie de progrès où ils sont entrés. Les qualités exigées pour les vernis, sont l'éclat, la transparence, la limpidité, la solidité, la durée et la facilité à sécher.

Les fabricants de couleurs et vernis sont répartis dans les vingt arrondissements.

Les quartiers des Halles, de Bonne-Nouvelle, des Archives, Sainte-Avoie, Saint-Ambroise et des Quinze-Vingts en contiennent plus du quart.

En 1887, suivant le relevé spécial des professions à Paris, il existait dans la capitale 350 négociants-fabricants de couleurs, ayant un loyer industriel d'une valeur moyenne de 4,500 francs.

Multipliant le nombre des fabricants 350 par le loyer 4,500 francs, j'aurai un produit de 1,575,000 francs qui, frappé de la taxe de 12 0/0 me donnera une somme de 189,000 francs que je ferai figurer à l'actif du budget de la ville de Paris.

PEINTRES EN BATIMENTS, PEINTRES EN LETTRES,
PEINTRES EN DÉCORS ET DÉCORATEURS, PEINTRES EN VOITURES

Au moyen âge, la peinture n'était qu'un art décoratif, accessoire de la construction des édifices. On recouvrait de peintures les murailles des palais, des églises et des maisons particulières ; on mettait en couleur et l'on dorait les détails d'architecture et même les statues. Les peintres et les tailleurs imagiers ne formaient alors qu'une seule corporation, dont les anciens statuts, confirmés le 12 août 1391, par ordonnance de Jean de Folleville, prévôt du roi Charles VI, furent plus tard sanctionnés et amplifiés par Charles VII, Henri II, Charles IX et Henri III.

Bien qu'il existât depuis longtemps en France, des artistes à peindre sur verre, sur émail et sur vélin, la grande peinture artistique ne s'introduisit dans notre pays qu'à l'époque où maître Roux, Nicolo del Abbati et Primatice furent appelés d'Italie par François Ier, pour décorer les salles et les galeries du palais de Fontainebleau. Au contact de l'art italien, l'art français, jusque-là comprimé, tendit à s'affranchir de la maîtrise, dont les règlements étaient devenus des obstacles à ses allures libres ; mais à mesure qu'il cherchait à s'émanciper, la maîtrise sollicitait et obtenait l'accroissement de ses privilèges. C'est ainsi qu'effrayés du mouvement qui s'était déclaré contre eux depuis l'arrivée des artistes étrangers, les maîtres se firent donner, en 1622, des statuts exclusifs, qui leur assurèrent un monopole complet ; nul, en dehors de la maîtrise, ne pouvait exercer l'art qu'à l'abri d'un brevet de peintre ou de sculpteur ordinaire.

En 1646, les maîtres ayant élevé leurs prétentions jusqu'à s'attaquer aux brevetaires et ayant osé demander que le nombre des peintres et sculpteurs du roi et de la reine fût limité, une intervention puissante donna naissance à l'Académie royale de peinture et de sculpture, qui fut fondée en 1648, en opposition à la maîtrise.

Les maîtres, pour diminuer l'autorité de l'Académie et faire concurrence à son enseignement, créèrent l'Académie de Saint-Luc en 1649. Réunis un moment, en 1652, les deux corps se divisèrent en 1655, et les maîtres alliés, avec les brevetaires menacés par l'Académie royale, rouvrirent l'Académie Saint-Luc en 1662. La lutte engagée se termina par le triomphe de l'Académie qui, protégée par Colbert, obtint, en 1664, de nouveaux privilèges beaucoup plus étendus que ceux qui lui avaient été octroyés en 1652.

Plus tard, en 1705, la communauté fut autorisée à réorganiser l'Académie de Saint-Luc, mais dès cette époque, l'Académie royale devient l'asile des arts libéraux, tandis que les maîtres, à quelques exceptions près, s'en tinrent aux ouvrages ordinaires du bâtiment. Les derniers statuts de la communauté, postérieurs à l'édit de 1776, énumèrent encore les dessins et les tableaux, avec les peintures de bâtiment et d'édifices, comme étant du domaine exclusif des maîtres ; toutefois, il était admis que chacun pouvait peindre des portraits, des figures, paysages, animaux, fruits, même pour en tirer rétribution, à la condition de ne pas employer de compagnons. Quant aux bourgeois, ils avaient la faculté de faire travailler chez eux des compagnons à la journée, en leur fournissant les outils et les couleurs nécessaires.

Après la Révolution, les artistes peintres conquirent définitivement leur liberté, et la peinture de bâtiment se trouva désormais sans rapport avec les arts libéraux.

L'entrepreneur de peinture se charge aujourd'hui de tout ce qui concerne la peinture et la vitrerie.

La pose des verres et des glaces, le lessivage et la préparation des murs, plafonds et boiseries, et l'application des teintes unies sont l'œuvre des peintres vitriers proprement dits.

Il existe, en dehors des peintres vitriers, quatre classes

d'ouvriers avec lesquels l'entrepreneur traite de gré à gré ;
ce sont les *fileurs* qui imitent, sur une surface plane, les
moulures, plinthes, cimaises, corniches, etc.; les *peintres
de lettres*, pour enseignes et indications diverses ; les *peintres de décors*, qui font les bois et les marbres ; et enfin les
peintres d'attributs, chargés d'exécuter les ornements intérieurs des salons, cafés, théâtres, et les emblèmes extérieurs
des boutiques.

L'entrepreneur emploie en outre des ouvriers spéciaux
pour la dorure, le collage des papiers peints et pour la
mise en couleur ou à l'encaustique des carreaux et des
parquets.

Les progrès réalisés dans la peinture en bâtiment proviennent de l'adoption des nouvelles méthodes de peinture,
de perfectionnements apportés dans la préparation des
couleurs à l'huile ; de l'emploi de nombreux siccatifs, enduits
hydrofuges, procédés de vernissage, et de la substitution
d'agents inoffensifs aux compositions dont l'usage engen-
drait chez les ouvriers les maladies affreuses appelées
coliques des peintres.

L'industrie de la peinture a reçu une vive impulsion par
suite des travaux considérables qui s'exécutent à Paris.
Elle a été surtout favorisée par le luxe introduit dans la
décoration des magasins, boutiques, cafés, restaurants,
enfin elle a profité des mesures prescrites pour le nettoyage,
le badigeonnage ou la peinture des façades.

PEINTRES EN DÉCORS ET DÉCORATEURS

L'art de peindre les décors ne s'est introduit en France
que vers le milieu du xvii° siècle. En 1673, le marquis de
Souliac, voulant donner plus d'éclat aux représentations
de l'*Alceste*, de Lulli, appela d'Italie d'habiles peintres décorateurs. Avec l'aide de Vigaroni et de quelques autres

artistes, il fit exécuter de fort belles décorations et toute une série de machines qui ont été renouvelées jusqu'à nos jours, sans que des changements notables y aient été apportés.

Les peintres, pour les théâtres, reçoivent généralement de l'auteur de la pièce le programme des décors. Ils l'étudient en tenant compte du lieu où se passe l'action, de l'époque et de la situation scénique. Ils créent ainsi un ensemble dont ils font une esquisse peinte ou simplement un dessin au fusain. Lorsque cette ébauche a été approuvée, ils distribuent le travail aux artistes qu'ils emploient, et se chargent eux-mêmes de terminer l'œuvre, de façon qu'il n'y ait plus que quelques coups de pinceau à donner lorsque le décor est essayé à la lumière de la rampe.

Les peintres décorateurs s'associent habituellement deux ou trois ensemble ; de cette manière, le peintre paysagiste vient en aide au peintre d'architecture, et l'entreprise peut se charger des différents genres de décorations qu'exige la mise en scène.

Presque toutes les décorations des théâtres de province s'exécutent à Paris. Quant aux commandes de l'étranger, elles viennent de l'Italie, dont l'école semble avoir perdu les traditions du passé, mais surtout de l'Allemagne, où l'art décoratif n'a pas fait de progrès.

PEINTRES EN VOITURES

Le travail des peintres en voitures consiste à couvrir de plusieurs couches de peinture le train et la caisse de la voiture que le carrossier leur a envoyée, à poncer ensuite la peinture pour en faire disparaître les aspérités, à la polir, à réchampir, c'est-à-dire à faire les filets et à vernir.

On peint aujourd'hui non seulement les voitures bour-

geoises et les voitures publiques, mais aussi les voitures
pour le commerce, les voitures à bras et parfois les camions
et autres grosses voitures.

SIÈGE DES INDUSTRIES

Les peintres en bâtiment et en lettres sont plus particulièrement établis dans les Ier, IIe, IIIe, IVe et IXe arrondissements. Les quartiers des Halles, de Bonne-Nouvelle, des
Arts-et-Métiers, du Palais-Royal, de Saint-Gervais, de Saint-
Georges, de la Porte-Saint-Denis et de la Folie-Méricourt
sont ceux où on en trouve le plus.

Les peintres en décors et décorateurs se trouvent généralement dans les IIIe, IXe, Xe et XIe arrondissements, et
les peintres en voiture dans les quartiers des Champs-
Élysées, de l'Europe et des Ternes.

Suivant le relevé spécial des professions en 1886, il
existait à cette époque, à Paris, 1,808 entrepreneurs de
peinture, vitriers, décorateurs, doreurs en bâtiments, occupant 13,500 ouvriers et ayant un loyer industriel d'une
valeur moyenne de 3,000 francs.

Ces industries, frappées de la taxe de 12 0/0, déposeront
chaque année dans la caisse de la ville de Paris une somme
de 650,880 francs.

VINAIGRIERS-MOUTARDIERS

Historique. — Au xiiie siècle, on criait dans les rues de
Paris le vinaigre et la moutarde. Le vinaigre, qui se tirait
des lies de vin et des vins tournés, était fait le plus souvent par les cabaretiers et les marchands de vin. Les épiciers et les chandeliers moutardiers le vendaient en gros

et en détail, et les apothicaires le débitaient comme médicament. La moutarde, préparée sous forme de pastilles sèches, prenait le nom de vinaigre de moutarde quand on la délayait dans le vinaigre.

Les saucissiers moutardiers qui fabriquaient du vinaigre pour leur propre usage ayant fini par en accaparer la vente, Charles VI, en 1417, confirma les statuts qui les régissaient sous l'appellation de *vinaigriers, sauciers, moutardiers*.

Un siècle après, en 1514, Louis XII les constitua en corporation avec le titre de *vinaigriers, moutardiers, sauciers, distillateurs en eaux-de-vie, et esprit de vins et buffetiers*. Cette corporation s'étant dissoute, des communautés spéciales se formèrent de ces débris. En dernier lieu l'édit de 1776 réunit les vinaigriers aux limonadiers. En dehors de cette communauté, les épiciers seuls pouvaient vendre le vinaigre indéfiniment et les drogues simples, mais sans manipulation.

Peu d'années après la Révolution, ce commerce s'exerçait encore dans les rues avec de petits tonneaux portés sur des brouettes. La réputation du vinaigre Maille date de cette époque.

Aujourd'hui, la consommation du vinaigre a pris une grande extension, surtout depuis qu'on l'emploie dans les arts pour la teinture des cotons et des soies. Le vinaigre de vin ne suffisant plus, on a imaginé des produits de la fermentation du sucre, du cidre, de la bière, de l'alcool, et d'utiliser l'acide pyroligneux que donne la distillation du bois.

Si les moutardiers et vinaigriers s'étaient renfermés dans la vente de la moutarde et des vinaigres en barillet, je ne les aurais pas englobés dans le giron de la classe des assujettis à la taxe de remplacement de 12 0/0; mais ils vendent de tout, des huiles, de la colle, des vernis, des graisses, du saindoux, des conserves, etc., voire de la mort aux rats. Et dire que c'est à l'invention d'une petite poudre qui a la propriété, paraît-il, d'arrêter instantanément les sauts désordonnés de la puce qu'un de ces industriels doit sa célébrité. J'ai nommé l'inventeur de la poudre insecticide Vicat, homme fort intelligent et très actif, qui peut à juste titre, en raison des services rendus à la patience humaine, prétendre à la reconnaissance de ses concitoyens.

Le nombre des négociants moutardiers et vinaigriers s'élevait à Paris, en 1887, suivant renseignement précis, à 53, avec un loyer industriel d'une valeur moyenne de 4,000 francs. Multipliant ces deux nombres l'un par l'autre, et frappant le produit de la taxe de remplacement de 12 0/0, on obtiendra une somme de 25,440 francs que je ferai figurer à l'actif de la caisse municipale.

$$53 \times 4,000 = 212,000 \times 12 \ 0/0 = 25,440.$$

PHARMACIENS

Je ne voulus point, en 1881, comme tu as pu le remarquer (page 92), frapper les pharmaciens d'une taxe de remplacement de 12 0/0, craignant que cette imposition ne leur parût excessive, en raison du dégrèvement partiel des droits d'octroi que je proposais alors, et qu'ils ne vinssent à s'en targuer pour augmenter le prix des potions que je trouve déjà fort élevé. Mais la thèse que je soutiens aujourd'hui, ayant pour objectif la disparition totale de ces droits, va me permettre de les atteindre, et ce sera justice.

Historique. — Au xive siècle, les drogues étaient vendues par les *apothicaires et les espiciers*, et les médicaments par les *apothicaires* seuls. Il était indispensable, pour être apothicaire, de savoir lire les recettes ou d'avoir près de soi des personnes capables d'exercer le métier (ordonnance de 1353). En outre, les apothicaires, leurs valets et les herbiers s'engageaient, par-devant le doyen et les maîtres de la Faculté de médecine, à exercer loyalement leur état.

Tous les médicaments se vendaient à un poids particulier dont l'usage était fort ancien et qu'on appelait la *livre soutive*.

En 1484, Charles VIII rendit un édit contenant des statuts pour le métier d'épicerie et d'apothicairerie, ouvrages de cire et confitures de sucre de la ville de Paris. Ces statuts furent confirmés avec de légères modifications par Louis XII, François Ier, Charles IX, Henri III et Henri IV. Une ordonnance de 1638 exigea des aspirants en pharmacie la preuve de certaines connaissances, un temps déterminé d'apprentissage et la justification de plusieurs examens.

En juillet 1682, la réglementation de l'achat et de la vente des substances vénéneuses fut provoquée par les nombreux empoisonnements qui nécessitèrent la création de la Chambre ardente. En même temps, il fut interdit à toutes personnes autres que les médecins et les apothicaires d'avoir des laboratoires et de se livrer à la préparation des drogues ou à la distillation, à moins d'en avoir reçu l'autorisation spéciale. Il existait cependant une communauté de distillateurs chimistes, érigée en 1637 ; cette corporation ayant été supprimée en 1746, les apothicaires tentèrent de s'opposer à l'enregistrement et, plus tard, au renouvellement des lettres de privilège accordées aux anciens maîtres distillateurs. Ils ne se bornaient point, en effet, à préparer des compositions pharmaceutiques ; plusieurs d'entre eux fabriquaient aussi les acides employés dans les arts, tels que l'esprit et l'huile de vitriol, l'eau-forte, l'esprit de nitre, etc.

Indépendamment de leurs contestations avec les chimistes, les apothicaires avaient de fréquentes discussions avec les médecins. Un règlement du 15 octobre 1631, leur défendit de délivrer des médicaments sans une ordonnance préalable et un arrêt du Parlement, en date du 23 juillet 1748 leur enjoignit de se conformer à un formulaire dressé par le corps médical. Enfin les apothicaires cherchèrent, à partir de 1682, à rompre les liens qui les attachaient au corps de l'épicerie; mais ce fut seulement en avril 1777, qu'une déclaration du roi réunit les apothicaires et les privilégiés en une corporation distincte sous la dénomination de Collège de pharmacie et fixa les limites qui devaient les séparer désormais du corps de l'épicerie.

Les statuts du Collège autorisés en 1780, ne restèrent pas longtemps en vigueur. En 1791, la suppression de l'institution des maîtrises donna carrière à de nombreux abus. Le désordre fut tel, du 1er avril au 17 du même mois que le Comité de salubrité, alarmé pour la santé publique réclama de l'Assemblée nationale des mesures urgentes. Les lois, statuts, et règlements anciens furent remis en vigueur, et les choses se trouvèrent provisoirement rétablies comme elles étaient avant la Révolution.

La loi du 21 germinal an XI organisa la profession de pharmacien sur de nouvelles bases, créa les écoles spéciales, régla tout ce qui concerne la police de pharmacie et décida la rédaction d'un nouveau codex, qui ne fut définitivement substitué à celui de 1748, qu'en vertu d'une ordonnance rendue en 1816.

L'industrie du pharmacien s'exerce aujourd'hui sous l'empire de la loi de germinal; elle est soumise à divers règlements de police que l'administration fait rigoureusement observer.

Depuis un quart de siècle la pharmacie a fait de grands progrès au point de vue industriel, comme le constatent les rapports du jury des expositions de Londres et de Paris. Ainsi, les pharmaciens se sont appliqués à dissimuler le mauvais goût des médicaments pour les présenter au malade, en les enfermant dans des capsules de gélatine ou de gluten; ils ont créé des procédés pour conserver indéfiniment à l'état de pilules les substances altérables; donné aux médicaments une forme et un aspect plus agréable, à l'aide d'outils mécaniques; employé pour la préparation des extraits, divers appareils donnant à coup sûr un produit aussi parfait que possible, etc.

Néanmoins, il est à considérer que l'industrie des pharmaciens a perdu de son importance, en ce sens, qu'un certain nombre de médicaments comme le chloroforme, les composés de mercure et surtout les alcaloïdes, c'est-à-dire la codéine, la quinine, la strychnine, la morphine, etc., sont aujourd'hui préparés par les fabricants de produits chimiques.

Les pharmaciens débitent des médicaments de toutes sortes, de l'alcool camphré, des eaux minérales, des sirops, des eaux de fleurs d'orangers, des pâtes, des remèdes spéciaux, sur l'efficacité desquels ils s'efforcent d'attirer l'attention du public par des annonces réitérées à la quatrième page des journaux.

Les pharmaciens se rencontrent dans tous les arrondissements, mais le plus particulièrement dans le 1er (du Louvre) et dans le IVe (de l'Hôtel-de-Ville).

Les quartiers qui en contiennent le plus grand nombre sont ceux des Halles, du Palais-Royal, Saint-Merri, Saint-Gervais et Saint-Germain-des-Prés.

Suivant les renseignements fournis par le relevé spécial des professions de Paris, le nombre des pharmaciens s'élevait en 1886 à 1681, avec un loyer industriel d'une valeur moyenne de 3,000 francs.

Ces industriels frappés de la taxe de remplacement de 12 0/0 déposeront chaque année dans la caisse municipale une somme de 605,160 francs.

$$1,681 \times 3,000 = 5,043,000 \times 12 \ 0/0 = 605,160.$$

CHAPITRE V

COMESTIBLES

MARCHÉ AUX BESTIAUX DE LA VILLETTE

Le marché aux bestiaux de la Villette est au marché de la viande de boucherie, ce que sont au commerce des boissons, les grands entrepôts de Bercy et du quai Saint-Bernard. Les produits qu'ils reçoivent sont soumis aux mêmes lois économiques et régis également par des règlements administratifs ; c'est-à-dire que de la valeur de ces produits découle le bon marché relatif de la vie, et que ceux-ci ne peuvent se mouvoir sans la surveillance et le contrôle de l'État et de l'Octroi.

Les marchés aux bestiaux concourant à l'approvisionnement de Paris, étaient avant 1867, les marchés de Sceaux et de Poissy, le marché de la Chapelle, le marché des Bernardins, la halle aux veaux et le marché de Saint-Germain.

Les bœufs, les taureaux, les vaches et les veaux étaient vendus sur les marchés de Sceaux, de Poissy, des Bernardins et de la Chapelle et à la halle aux veaux.

Les moutons n'étaient vendus que sur les marchés de Sceaux et de Poissy.

Le commerce des porcs n'avait lieu que sur les marchés de la Chapelle et de Saint-Germain.

Les marchés de Poissy et de Saint-Germain appartenaient aux communes où ils étaient situés, les quatre autres appartenaient à la ville de Paris et étaient exploités pour son compte.

Les inconvénients résultant de la division des centres d'alimentation et de leur éloignement relatif de la capitale amenèrent l'administration à se préoccuper de la création, dans la ville même, d'un marché en rapport avec ses besoins.

Le 7 avril 1859, un décret autorisa l'expropriation de terrains situés sur le territoire de la commune de la Villette, pour l'établissement d'un vaste marché aux bestiaux et d'abattoirs. Cet emplacement fut compris dans l'enceinte de Paris, à partir du 1er janvier 1860, en vertu de la loi d'annexion du 16 juin 1859. En 1864 un décret du 19 octobre déclara d'utilité publique la construction d'un embranchement reliant le marché avec le chemin de fer de Ceinture. Enfin, le 11 décembre de la même année, un décret autorisa la ville de Paris à mettre en adjudication, aux clauses et conditions d'un cahier des charges délibéré par le Conseil municipal dans sa séance du 19 août précédent, l'établissement du marché et de l'embranchement ferré, ainsi que l'exploitation du marché pendant une période de cinquante années.

L'adjudication eut lieu le 20 janvier 1865 au profit de la Société l' « Approvisionnement » transformée depuis 1869, en « Société parisienne de crédit ».

Les dépenses de construction, avancées par la Compagnie concessionnaire, sont remboursées par la Ville au moyen d'annuités calculées sur cinquante années. Les travaux complémentaires sont également payés par la Compagnie aux entrepreneurs au fur et à mesure de leur achèvement, puis remboursés par la Ville, sous la forme d'annuités réglées aux mêmes échéances que les annuités principales.

Les avances à faire par la Compagnie, tant pour le marché que pour l'embranchement du chemin de fer sont limitées par le traité à 25 millions de francs. Sur ce crédit, il avait été fait emploi, au 20 octobre 1887, d'une somme de 22,797,170 fr. 25 c., au remboursement de laquelle il est pourvu par une annuité de 1,254,030 fr. 95 c.

La Compagnie perçoit les produits du marché pour le

compte de la Ville, l'administre et l'entretient, moyennant une allocation de 140,000 francs.

Le marché a été ouvert le 21 octobre 1867 et le même jour, les marchés de Sceaux, de la Chapelle, des Bernardins et de la Halle aux veaux ont été supprimés. Il se compose de trois grandes halles ouvertes, d'étables et de bâtiments d'administration.

La halle du centre est affectée à la vente des animaux de l'espèce bovine; la halle de l'Ouest est réservée aux moutons et celle de l'Est aux veaux et aux porcs. A ces halles, il y a lieu d'ajouter une bouverie spéciale ouverte le 1er février 1885 pour la vente des vaches laitières.

La première halle peut contenir 5,158 têtes de bétail; la seconde peut en recevoir 27,216. La halle aux veaux et aux porcs peut recevoir 2,240 veaux et 5,715 porcs.

Des bouveries, des porcheries, des bergeries et des étables à veaux sont établies au nord du marché sur les terrains longeant le canal de l'Ourcq. On y place les animaux qui séjournent dans l'établissement d'un marché à l'autre.

Ces étables peuvent contenir 2,932 bœufs ou vaches, 120 taureaux, 700 veaux, 6,480 moutons et 1,200 porcs.

A l'ouest des grilles de l'entrée principale, rue d'Allemagne, sont installés les parcs de comptage pour les animaux arrivant à pied. Les parcs de comptage de ceux qui sont amenés par la voie ferrée reliant le marché au chemin de fer de Ceinture, sont disposés à proximité du quai de débarquement.

A droite et à gauche de la halle aux bœufs, sont construits les bâtiments de l'administration en arrière desquels se trouvent les abreuvoirs.

Le marché est relié à l'abattoir par deux ponts et une rampe est affectée au passage des porcs dirigés sur l'abattoir et au service des bestiaux arrivant par le chemin de fer.

Un service d'inspection sanitaire, composé de vétérinaires et relevant de la préfecture de Police, est établi dans l'intérieur du marché.

Tout bétail qui arrive sur le marché est tenu d'acquitter un droit de place. Les tarifs des droits de place ont été fixés par délibération du Conseil municipal du 5 juin 1872, savoir :

Par tête de taureau, bœuf, vache.	3	»
Par tête de veau	1	»
Par tête de mouton ou chèvre	»	30
Par tête de porc.	1	»

Les recettes constatées pendant l'année 1887, provenant des droits de place perçus par tête de bétail exposé sur le marché de la Ville, s'élèvent à 2,127,409 francs et se répartissent de la manière suivante :

ESPÈCES	QUANTITÉS INTRODUITES en 1887	TAXE DES DROITS perçus par tête	DROITS PERÇUS en 1887
		FR. C.	FR. C.
Bœufs, Taureaux, Vaches . . .	330.711	3 »	993.133 »
Veaux	198.488	1 »	198.488 »
Moutons.	2.005.983	» 30	601.794 »
Porcs.	334.994	1 »	334.994 »
			2.127.409 »

En dehors de ce droit de place, il y a un droit de séjour qu'acquitte tout bétail arrivé la veille du marché, ou qui n'ayant pas trouvé d'acquéreurs est envoyé par son propriétaire dans les étables du marché, où il séjourne d'autant plus longtemps que les ventes sont moins actives. Le tarif de ces droits a été arrêté comme suit : 0 fr. 50 c. par bœufs, taureaux, vaches; 0 fr. 20 c. pour les veaux; 0 fr. 05 c. pour les moutons, chèvres; et 0 fr. 10 c. pour les porcs, et sa perception s'est élevée en 1887 à 222,474 fr. 50 c. Une troisième taxe dite de « désinfection » autorisée par décret du 16 avril 1885 frappe tout bétail exposé sur le marché de la Villette. La perception de cette taxe sert à couvrir la dépense causée par un travail qui consiste à laver et désin-

fecter deux fois par semaine toutes les parties du marché.
Cette taxe a été fixée ainsi qu'il suit :

Par bœuf introduit.	f. c.
Par taureau introduit	0 25
Par vache introduite.	
Par veau introduit	» 10
Par mouton introduit.	» 125
Par porc introduit	» 15

Je trouve cette mesure bonne mais, par contre, le travail
par trop grassement rétribué.

Les animaux amenés sur le marché aux bestiaux de la
Villette sont de provenances françaises et de provenances
étrangères.

Bestiaux indigènes. — Le résultat des introductions des
bestiaux indigènes au marché de la Villette, comparé à celui
de 1886, se traduit ainsi :

En augmentation :

Gros bétail.	26.496 têtes.
Veaux.	12.506 —
Moutons.	178.775 —
Porcs	2.845 —

Les relevés suivants comprennent les noms des départements qui ont fait les plus forts envois par nature de
bétail :

DÉPARTEMENTS	BŒUFS	TAUREAUX	VACHES	TOTAUX
Maine-et-Loire.	36.529	1.998	5.193	43.720
Calvados.	26.121	1.473	2.977	30.571
Nièvre.	25.416	2.445	8.056	35.517
Orne	20.171	1.433	2.978	24.582
Charente	18.088	819	2.653	21.560
Loire-Inférieure	17.966	362	2.134	20.462
Allier.	10.330	638	1.605	12.573
Vendée	9.388	317	1.055	10.760
Mayenne	8.000	432	2.225	10.657
Dordogne	9.145	245	1.163	10.553
Cher	6.282	614	2.248	9.144
Seine	527	243	7.192	7.962

VEAUX		MOUTONS		PORCS	
DÉPARTEMENTS	NOMBRE	DÉPARTEMENTS	NOMBRE	DÉPARTEMENTS	NOMBRE
Loiret	30.966	Aisne	117.850	Sarthe	72.200
Marne	28.902	Cantal	138.983	Vendée	31.399
Nord	26.242	Lot	126.535	Deux-Sèvres	31.329
Eure	18.340	Seine-et-Marne	116.252	Creuse	27.582
Eure-et-Loir	16.577	Seine-et-Oise	87.779	Ille-et-Vilaine	26.439
Seine-et-Marne	10.475	Somme	45.258	Maine-et-Loire	20.154
Seine-Inférieure	8.014	Aveyron	42.356	Mayenne	11.221
Manche	6.009	Gers	41.761	Indre-et-Loire	10.709
		Aube	40.719	Allier	7.590
		Marne	34.979		
		Allier	32.186		
		Ardennes	31.624		
		Loiret	30.823		

Bestiaux étrangers. — Les introductions de bestiaux importés de l'étranger sont indiquées ci-après :

LIEUX DE PROVENANCE	BŒUFS et TAUREAUX	VACHES	VEAUX	MOUTONS	PORCS
	Têtes.	Têtes.	Têtes.	Têtes.	Têtes.
Allemagne.	»	»	»	474.978	»
Autriche-Hongrie.	»	»	50	117.413	303
Belgique.	»	»	21	176	»
Espagne.	»	»	»	165	»
Hollande. . . . . . . , .	»	»	705	691	»
Italie	30	»	»	21.892	»
Russie.	»	»	»	56.209	»
Suisse.	»	»	209	»	»
Années { 1887	30	»	1.075	671.524	303
Années { 1886	1.257	»	5.258	887.787	4.616
Sur 1886 { Augmentation. .	»	»	»	»	»
Sur 1886 { Diminution. . .	1.227	»	4.183	216.263	4.313

Toutes les espèces, sans exception, sont en diminution sur l'exercice précédent. Ces diminutions s'expliquent par l'abondance des bestiaux indigènes, et puis il faut tenir compte de l'élévation des tarifs douaniers, des frais de transport, de banque, du paiement des droits d'octroi et du marché qui, en présence de la baisse des prix, finissent par absorber à peu près tout le gain des expéditeurs.

Il résulte de ce tableau que l'Italie, seule, a envoyé 30 bœufs; que l'Allemagne qui, en 1886, nous en avait expédié près de 200 et la Suisse 220, n'ont fait, en 1887, aucune expédition; que les veaux de provenance hollandaise sont en diminution de 3,013 et ceux de la Suisse de 1,241.

Je te signalerai, en outre, le silence gardé par l'Amérique pour ses envois de bœufs, qui s'étaient chiffrés, en 1886, par 71 bœufs, en diminution de 207 sur ceux de l'année précédente. Ce silence provient, sans doute, de ce que les bœufs du Nouveau Monde, considérés comme des oiseaux de passage, avaient été tirés à boulets rouges par les commissionnaires du marché de La Villette. Aussi messieurs les importateurs de Chicago, peu flattés de ce mode de réception, ont-ils jugé à propos de rester sous leurs tentes. Si les consommateurs parisiens n'ont point à se réjouir de cette retraite, nos éleveurs, par contre, n'ont qu'à s'en applaudir.

Quant aux 216,613 moutons importés en moins en 1887, ils se répartissent ainsi qu'il suit :

Diminution.

Autriche-Hongrie	104.609
Russie	91.879
Allemagne	10.240
Italie	6.339
Suisse	1.861
Belgique	1.685
	216.613 têtes.

La vente des moutons étrangers, toujours fort active dans les étables de Pantin et des environs, fait une sérieuse concurrence à celle du marché aux bestiaux de la Villette.

Une autre cause de la décroissance des importations des moutons sur pied, c'est l'extension de l'importation des moutons abattus venant de l'Allemagne et amenés par le chemin de fer de l'Est. Les expéditeurs de ce pays trouvent plus avantageux, une fois les animaux abattus dans les villes frontières, Strasbourg, par exemple, de les faire entrer en France comme viandes fraîches de boucherie (rubrique sous laquelle ils ne sont passibles que d'un droit de 3 francs par 100 kilos.), que de les expédier tout vivants au droit de 2 francs par tête. Le poids du chargement d'un wagon étant évalué à 10,000 kilos, ces expéditeurs, tout en réalisant sur les frais de transport une sensible économie, évitent toutes dépenses accessoires et se trouvent en outre dégagés de la responsabilité que peut entraîner le voyage d'un grand nombre d'animaux vivants.

Cette importation a pris cette année une extension beaucoup plus grande par suite des modifications successives apportées par les Chambres au droit de douane frappant chaque mouton vivant importé en France. Le droit primitif de 2 francs a été relevé à 3 francs, puis porté à 5 francs. Ces majorations de droits correspondent, dans le premier cas, à un droit de 15 francs par 100 kilos, et, dans le second, à celui de 25 francs, alors que le droit sur les viandes abattues est, en vertu de conventions internationales, de 3 francs par 100 kilos.

L'importation de viande abattue a trouvé, comme si elle en avait eu besoin, un nouvel élément de vitalité dans l'arrêté de M. le Ministre de l'Agriculture, en date du 30 novembre 1889, interdisant l'entrée en France du bétail vivant provenant de l'Allemagne et de la Hongrie, en raison de la fièvre aphteuse qui règne sur le bétail de ces pays.

Telle est l'origine de cette « question des moutons » qui, à juste titre, a tant ému la corporation des bouchers du marché de la Villette et qui, portée à la tribune de la Chambre des députés, a reçu du Ministre de l'Agriculture, M. Faye, une fin de non-recevoir pas longue, conçue en fort bons termes et appuyée sur des arguments irréfutables : l'intérêt général avant l'intérêt particulier. Mais je fais des vœux pour que les causes qui ont apporté une telle perturbation dans le commerce du marché aux bestiaux de la Villette, disparaissent le plus tôt possible, et je compte sur l'expérience et la sagacité de messieurs nos députés pour qu'à l'avenir ils ne prennent pas la proie pour l'ombre.

Réexpéditions des bestiaux à l'extérieur. — Des bestiaux, en nombre assez important, sont réexpédiés à l'extérieur de Paris, par chemin de fer et par voie de terre. Les différences avec l'année 1886, pour chacun de ces deux modes de réexpédition, sont indiquées dans le tableau suivant :

État comparatif des Bestiaux réexpédiés à l'extérieur de Paris.

| ANNÉES | PAR CHEMIN DE FER | | | | | PAR VOIE DE TERRE | | | | |
| | DÉSIGNATION DES ESPÈCES | | | | TOTAL | DÉSIGNATION DES ESPÈCES | | | | TOTAL |
	Bœufs, taureaux, vaches.	Veaux.	Moutons.	Porcs.		Bœufs, taureaux, vaches.	Veaux.	Moutons.	Porcs.	
1887. . . .	15.255	1.368	30.502	46.828	94.013	95.272	39.714	854.057	140.695	1.120.738
1886. . . .	15.204	936	39.988	49.887	105.812	83.008	39.641	934.739	140.497	1.197.585
Augmentation.	224	432	»	»	»	12.264	73	»	498	»
Diminution. .	»	»	9.396	3.059	11.709	»	»	80.682	»	67.847

ABATTOIRS

Le bétail amené sur le marché aux bestiaux de la Villette, qui n'aura pas été réexpédié à l'extérieur, passe aux abattoirs pour y être sacrifié.

En vertu d'une décision du gouvernement, de 1807, cinq abattoirs pour les animaux de boucherie avaient été construits de 1811 à 1818. Ils étaient dénommés abattoirs de Grenelle, de Villejuif, du Roule, de Montmartre et de Ménilmontant.

Le 1er novembre 1848, deux autres abattoirs, exclusivement affectés à l'abatage des porcs, furent livrés au commerce sous les noms d'abattoirs des Fourneaux et de Château-Landon.

Enfin en 1860, trois abattoirs mixtes, établis dans les communes annexées des Batignolles, de Belleville et de la Villette, furent maintenus à la disposition du commerce de la boucherie et de la charcuterie.

L'abattoir du Roule fut fermé dès l'année 1863.

D'autre part, l'ouverture le 1er janvier 1867, de l'abattoir général de la Villette entraîna la suppression de plusieurs autres abattoirs, savoir :

L'abattoir de Montmartre, le 31 décembre 1866,

L'abattoir de Ménilmontant, le 14 juillet 1867.

L'abattoir de la Villette, le 14 avril 1868,

L'abattoir de Belleville, le 31 décembre 1869,

L'abattoir des Batignolles, le 2 juillet 1873,

Et l'abattoir de Château-Landon, le 8 août 1874.

Il ne reste donc plus aujourd'hui que quatre abattoirs : ceux de Grenelle, de Villejuif, des Fourneaux et de la Villette.

ABATTOIR GÉNÉRAL DE LA VILLETTE

Ouvert le 1er janvier 1867, l'abattoir général de la Villette renferme 187 échaudoirs qui étaient occupés au 31 décembre 1887, par 324 bouchers et 21 charcutiers. Il comprend, en outre, des cours, des étables, pouvant contenir 2,947 têtes de gros bétail, 1,500 veaux, 9,725 moutons et 2,200 porcs. Un bâtiment spécial est affecté, depuis le 6 août 1874 à l'abatage des porcs.

En vertu d'une ordonnance royale, du 23 décembre 1846, les viandes abattues sont soumises à la sortie à une taxe de 0 fr. 02 c. par kilogramme.

La même ordonnance a autorisé la perception d'un droit de 1 franc par 100 kilogrammes sur le suif fondu, mais cette industrie, transportée hors Paris, depuis la suppression des abattoirs de Montmartre et de Ménilmontant, tend à disparaître complètement des abattoirs actuels. Les fondoirs des abattoirs de Grenelle et de Villejuif sont inoccupés et celui qui avait été construit à l'abattoir de la Villette n'a pas trouvé de locataire; il est maintenant affecté à la vente en gros des viandes de boucherie.

Aux termes de l'article 132 de l'ordonnance de police du

25 mars 1830, les issues recueillies dans les abattoirs doivent être cuites et préparées dans les ateliers de triperie disposés à cet effet avant de pouvoir être enlevées et transportées au dehors.

L'exploitation des ateliers de triperie est concédée par voie d'adjudication à des particuliers. En 1862, l'adjudication avait été prononcée au profit du soumissionnaire qui avait offert le rabais le plus élevé sur le tarif des redevances à exiger des tripiers et qui abandonnait à la Ville la plus grande partie de ces redevances à titre de location des emplacements. Le décompte des sommes à verser à la Ville par l'adjudicataire était réglé chaque semaine d'après le nombre de bœufs, vaches et moutons entrés dans chaque abattoir et d'après le nombre de tripes apportées de l'extérieur pour y être préparées, déduction faite des tripes sorties après un simple lavage sur autorisation de la Préfecture de Police. Les autorisations étant devenues de plus en plus nombreuses, la presque totalité des tripes de bœuf échappait à l'adjudicataire qui se trouvait néanmoins responsable de toutes les tripes dont la sortie n'avait pas été contrôlée par les employés de l'octroi.

L'achèvement de nouveaux ateliers de triperie à l'abattoir général de la Villette a permis de mettre en adjudication sur de nouvelles bases, l'exploitation de cette entreprise. Il a semblé que le système suivi jusqu'alors devait être modifié de façon à sauvegarder les intérêts de la Ville et ceux du concessionnaire et qu'il y avait lieu, à cet effet, de diviser l'opération en deux parties : 1º la location des ateliers de triperie; 2º la perception du droit de lavage des issues de bœufs, vaches et taureaux.

En vertu d'une délibération du Conseil municipal, en date du 21 mars 1876, le système d'une redevance fixe annuelle pour la location des ateliers de triperie des abattoirs a été adopté et, suivant procès-verbal d'adjudication du 27 mai suivant, cette location a été concédée, à partir du 1er juillet 1876, pour une durée de trois, six ou neuf années au choix du concessionnaire et de la Ville, moyennant un loyer annuel de 125,075 francs.

Par une adjudication du 14 janvier 1888, la location des ateliers de triperie a été concédée pour une nouvelle période de trois, six, neuf ou douze années, au choix du concessionnaire seul, à partir du 1er juillet de la même année, moyennant un loyer annuel de 30,609 francs (y compris deux ateliers d'échaudage).

La délibération précitée du 21 mars 1876 a fixé à 0 fr. 40 c. par tête, le droit de lavage à percevoir sur les tripes de bœuf, vaches et taureaux, à partir du 1er juillet 1876 et a chargé les préposés de l'octroi d'effectuer le recouvrement de cette taxe aux entrées des abattoirs.

D'autres locaux, dans les abattoirs, font l'objet de locations consenties par l'Administration; ce sont les ateliers d'échaudage de têtes et pieds de veaux, les ateliers des boyaudiers et ceux des fabricants d'albumine, d'engrais et de cuirs verts. Ces locations sont faites à l'amiable à l'exception des ateliers d'échaudage qui, en raison de leur importance, sont concédés depuis le 1er juillet 1876, par voie d'adjudication.

Jusqu'au 1er juillet 1888, la location des trois ateliers d'échaudage de l'abattoir de la Villette a été mise isolément en adjudication; à partir de cette date, deux des ateliers ont été réunis aux ateliers de triperie pour faire l'objet d'une adjudication unique. La concession est faite pour trois, six, neuf ou douze années, au choix du concessionnaire.

Le troisième atelier est vacant.

La concession des échaudoirs dans les abattoirs était confiée avant le 1er janvier 1867, aux agents de la Préfecture de Police et ces établissements étaient réglementés par l'ordonnance de police du 25 mars 1830. Après l'ouverture de l'abattoir de la Villette, la Préfecture de Police s'étant dessaisie au profit de la Préfecture de la Seine de toutes ses attributions autres que celles qui intéressent la police et la salubrité, — un arrêté du 29 janvier 1870, modifié et complété par les arrêtés des 31 janvier 1876, 8 septembre 1877 et 22 janvier 1878, règle à nouveau le fonctionnement des abattoirs; en voici les principales dispositions :

Les abattoirs sont ouverts au public de midi à 7 heures du soir, en toute saison.

Tout propriétaire de bestiaux, désireux d'obtenir la concession d'un échaudoir, doit en faire la demande par écrit au Préfet de la Seine et en attendant son classement peut faire des abatages dans les échaudoirs banaux.

Aucun échaudoir ne peut être concédé sans qu'au préalable la vacance en ait été déclarée et affichée dans l'abattoir pendant un délai de cinq jours ; il en est de même pour une portion d'échaudoir.

L'échaudoir dont la vacance a été affichée peut être accordé au marchand boucher ou au propriétaire de bétail le plus anciennement classé dans l'abattoir, s'il le réclame en échange du sien. Ces demandes de mutation prennent rang avec les demandes d'admission. Quant à l'échaudoir devenu vacant par suite de mutation, il est aussitôt affiché et concédé dans les formes ci-dessus.

Nul ne peut obtenir la concession de plus d'un échaudoir s'il ne remplit pas certaines conditions dont il doit justifier auprès de l'Administration.

Les échaudoirs ne peuvent être exploités que par les titulaires eux-mêmes. Ils ne sont pas transmissibles ; toutefois la veuve d'un titulaire peut obtenir la concession de l'échaudoir de son mari, si elle continue le commerce de celui-ci.

Lorsque, par suite du développement de leurs opérations, les titulaires classés dans un même échaudoir ne peuvent plus y continuer leurs abatages conjointement, le dernier classé est exclu et il est provisoirement autorisé à faire ses opérations dans l'un des échaudoirs banaux.

Lorsque le premier titulaire d'un échaudoir est déclassé pour un motif quelconque (décès, cessation d'abatage pendant un mois, infraction aux règlements), cet échaudoir est mis en entier en vacance, sauf le cas où le titulaire suivant a dix années d'occupation conjointe et quand l'importance de ses abatages équivaut, depuis un an, à la moitié de la capacité de l'échaudoir. La capacité des échaudoirs est basée sur le nombre moyen de bestiaux qui peuvent être abattus et préparés pendant un mois. Conformément à l'avis de la commission de la boucherie, cette capacité a été récemment fixée à 190 bœufs, 300 veaux ou 2,700 moutons. Dans des échaudoirs où se font des abatages d'animaux de diverses espèces, on estime que la place nécessaire pour l'abatage d'un bœuf est équivalente à celle qu'exige l'abatage de 3 veaux ou de 13 moutons.

Le nettoiement des cours de travail au-devant des échaudoirs, ainsi que la garde et la conservation des bestiaux sont à la charge des occupants.

Les titulaires d'échaudoirs qui justifieront avoir suivi les instructions réglementaires pourront obtenir la concession d'étables supplémentaires. Les emplacements disponibles pour chaque espèce de bétail sont répartis entre les demandeurs proportionnellement à leurs introductions. Ces places concédées tous les six mois sont retirées aux titulaires qui ne les occupent pas pendant un mois.

Le service de garde et de surveillance est partagé à l'intérieur entre les agents de la préfecture de Police et ceux de la préfecture de la Seine. Il est assuré aux entrées par les employés de l'octroi.

Afin de faire cesser la gêne et l'encombrement qu'occasionnait dans les rues voisines de l'abattoir de la Villette, le stationnement facultatif des voitures de toute sorte et aussi pour prévenir les vols nombreux qui résultaient de cet état de choses, le stationnement des voitures, aux abords de l'abattoir, a été réglementé par un arrêté préfectoral du 17 juillet 1877, et par une ordonnance de police du 1er août de la même année.

La garde et la surveillance de ces voitures sont confiées à un industriel qui perçoit, à son profit, un droit de stationnement, moyennant le paiement à la ville de Paris d'une redevance annuelle. Cette entreprise, qui s'étend aux halles et marchés de Paris, est concédée par voie d'adjudication.

J'ai tenu à t'exposer, un peu longuement, je le reconnais, la question « viandes de boucherie », pour que tu puisses juger en toute connaissance de cause les observations suivantes que je désire te soumettre, et desquelles j'espère tirer un certain profit pour le petit poupon que j'élève avec tant de soin.

Ces observations porteront sur les trois points suivants : Droits de marché, droits d'abatage et introductions directes des bestiaux dans les abattoirs.

Droits de place. — En présence des avantages que l'agriculture retirera de la disparition totale des droits d'octroi sur la viande, le prix d'un produit alimentaire étant en raison de la demande sollicitée par la consommation, j'ai cru pouvoir doubler le droit des places du marché aux bestiaux de la Villette. Tu accueilleras d'autant mieux ma demande que tu n'ignores pas que ce marché est ouvert à tous les producteurs du monde entier, et qu'il est visité non seulement par les bouchers et les commissionnaires de la capitale, mais bien également par ceux des départements voisins.

Cette opération fera entrer chaque année dans la caisse municipale une somme de 2,200,000 francs environ qu'elle fera figurer au compte Octroi de la ville de Paris (1).

Mais, de grâce, ne va pas communiquer cette proposition à nos amis MM. ....., de la Société des Agriculteurs de France, qui sont plus protectionnistes que réactionnaires ce qui, entre nous, n'est pas peu dire, car dès ce jour, je ne serais plus bon qu'à jeter aux chiens.

Droit d'abatage. — Un droit d'abatage de 0 fr. 02 c. par kilo frappe, comme tu le sais, toute viande à sa sortie des

---

(1) Exercice 1887.

abattoirs; je le demanderai, pour éviter toutes les lenteurs inhérentes à sa perception, de le remplacer par une taxe équivalente portant sur tout bétail à son introduction dans les abattoirs. Ce remplacement n'est autre chose que la conversion du droit spécifique d'abatage en un droit de quotité.

Ceci exposé, j'établirais comme suit les taxes demandées :

```
Bœufs, vaches, taureaux. . . . . . . . . . . .Fr.  8  »  par tête.
Veaux . . . . . . . . . . . . . . . . . . . . . .  2  »     —
Moutons . . . . . . . . . . . . . . . . . . . .  »  50     —
Cochons . . . . . . . . . . . . . . . . . . . .  2  »      —
```

et je démontrerai, à l'aide du tableau ci-après que l'économie de ce système répondra à notre attente :

Marché aux Bestiaux de la Villette du 13 février 1890.

ESPÈCES	QUANTITÉS		POIDS MOYEN
	A VENDRE	VENDUES	
			Kil.
Bœufs.	2.021	1.820	352
Vaches	482	454	240
Taureaux	184	180	400
Veaux	1.401	1.200	82
Moutons	9.079	8.780	20
Porcs	4.511	4.511	88

De l'application de ces deux droits : droit d'abatage spécifique de 0 fr. 02 c. et droit de quotité d'après les taxes proposées, résulteront les différences suivantes :

```
        DROIT SPÉCIFIQUE                    DROIT DE QUOTITÉ
              —                                   —

1 bœuf   pesant 352 kil. × 0,02 paie 7,04  paiera 8 fr. = en plus 0,96.
1 vache     —    240 — × 0,02 —  4,80   —  8 »    —      3,20.
1 taureau   —    400 — × 0,02 —  8 »     —  8 »    —      0,05.
1 veau      —     82 — × 0,02 —  1,64    —  2 »    —      0,36.
1 mouton    —     20 — × 0,02 —  » 40    —  » 50   —      0,10.
1 cochon    —     88 — × 0,02 —  1,76    —  2 »    —      » 24.
```

Ces différences ne sont pas très sensibles, elles ne sauraient t'émouvoir outre mesure, à part toutefois celle qui concerne les vaches. Je te dois à ce sujet deux mots d'explication.

J'ai compris les vaches, pour la taxation du droit de quotité, dans la même classe que celle des bœufs et des taureaux quoiqu'il y eût une différence de poids assez sensible, parce que je craindrais qu'au moment du comptage à l'introduction des abattoirs, tous les bœufs ne fussent métamorphosés en vaches. Cette supposition de ma part ne sera point goûtée de tout le monde, je le sais. On dira, néanmoins, qu'il n'est pas juste qu'une vache qui ne pèse que 250 kilos paie autant qu'un bœuf de 350 kilos. C'est vrai. Mais en outre de la métamorphose dont je parle, il y a une objection à faire au droit spécifique. Comment admettre qu'une viande de qualité inférieure, de bas prix, n'ayant que nerfs, fibres et os, en un mot peu-nutritive puisse payer le même droit que la viande de tout premier choix. Nul ici-bas n'y a un réel intérêt, excepté MM. les adjudicataires des fournitures de viande pour la garnison de la ville de Paris, qui la plupart du temps ne craignent pas, pour un motif facile à comprendre, de faire passer de la mauvaise viande pour de la bonne. Tout en plaidant la cause des classes laborieuses et peu aisées, je plaide donc également celle de nos soldats qui, à tous égards, ont droit à notre sollicitude.

Le droit de quotité que je propose en remplacement du droit spécifique n'aurait-il pour résultat que de provoquer exclusivement sur le marché de la Villette, l'amenage du bétail de poids et de qualité supérieure, que nous devrions l'encourager. Tu le recommanderas, je l'espère, te faisant observer que je ne fais pas de la classification ci-dessus une condition *sine quâ non* de son adoption. Néanmoins, si je te disais toute ma pensée, je te déclarerais, ayant pu apprécier de longue date la qualité et le poids du bétail amené au marché de la Villette, que je porterais volontiers la taxe des bœufs de 8 à 9 et que je ramènerais celle des vaches de 8 à 7.

Je clos cette longue discussion, en t'exprimant tous mes regrets de n'en pouvoir tirer nul profit pour mon protégé. C'est un coup d'épée dans l'eau. Espérons que je serai plus heureux dans la discussion suivante : De l'introduction directe des bestiaux dans les abattoirs de la ville.

INTRODUCTION DIRECTE DES BESTIAUX DANS LES ABATTOIRS DE LA VILLE DE PARIS

La ville de Paris, en construisant le marché de la Villette ayant son abattoir pour annexe, s'est imposé de lourds sacrifices dont elle a pensé, avec juste raison, pouvoir se décharger par les taxes de place pour les bestiaux et le droit d'abatage. Il se produit aujourd'hui un courant commercial qui vient contrarier ses calculs, je veux parler de l'entrée directe des bestiaux dans les différents abattoirs de la ville, sans passer sur le marché. Ce courant, non seulement affecte les revenus de la ville, mais en outre, il touche au principe de l'égalité devant l'impôt, en ce sens que telle viande introduite dans Paris aura acquitté ces droits, telle autre en aura été indemne.

Si l'introduction directe des bestiaux s'était localisée dans l'abattoir de la Villette, je n'aurais peut-être rien dit, mais elle a fait comme la tache d'huile, elle s'est étendue, et aujourd'hui elle est pratiquée dans tous les abattoirs de la ville, d'où il résulte pour les recettes municipales, un préjudice annuel fort sensible.

Introductions directes en 1887 (1).

	BŒUFS, VACHES, TAUREAUX	VEAUX	MOUTONS	PORCS
Abattoir de la Villette . . .	46,924	58,068	576,034	47,270
— de Grenelle	8,610	25,509	108,316	»
— de Villejuif	10,108	3,624	99,931	»
— des Fourneaux. . .	»	»	»	73,925
	65,642	87,201	784,281	121,195

Il me semble qu'il serait du devoir de nos édiles de remédier à cet état de choses en exigeant que tout bétail qui entrerait directement dans les abattoirs serait tenu de payer au moment de son introduction, un droit de places égal à celui qu'il aurait acquitté, s'il avait été présenté sur le marché.

Depuis combien de temps ce trafic dure-t-il et à quel chiffre estimer le préjudice causé à la ville? Ne sachant pas si ce petit trafic a pris naissance ou non à la création des marchés de la Villette, je ne puis résoudre la deuxième question. Quant à la première, je me contenterai de te dire que la ville par suite de la non-perception de la taxe de 3 francs sur les bœufs, vaches et taureaux, de 1 franc pour les veaux et les porcs et 0 fr. 30 c. pour les moutons perd une somme annuelle de 600,000 francs au minimum, et qu'elle encaisserait par la mesure proposée et en raison du doublement des taxes une somme de 1,200,000 francs.

L'adoption de cette mesure sera combattue, je le sais. Quant à moi, je reste, comme on dit à la Conférence des avocats pour l'affirmative, et je fais don de cette somme à la caisse municipale, 1,200,000 francs.

_____

(1) Annuaire statistique de la Ville de Paris, VIIIe année, 1887.

Mais, j'ai hâte de quitter cette question accessoire à laquelle du reste, je n'attache qu'une importance relative, pour établir le quantum du produit de la taxe d'abatage d'après le droit de quotité en remplacement du droit spécifique actuellement pratiqué.

Ce quantum, comme je vais le démontrer par le tableau ci-contre, s'élèverait, année moyenne, à la somme de 3,900,000 francs environ.

Bestiaux sacrifiés dans les abattoirs de Paris en 1886 (1).

ESPÈCES DE BESTIAUX	NOMBRE DE BESTIAUX	
	INTRODUITS	SACRIFIÉS
	têtes	têtes
Bœufs, taureaux, vaches.	261,282	253,228 (2)
Veaux	234,389	233,216
Moutons, chèvres	1,892,786	1,892,786
Porcs.	247,130	247,130

$$
\begin{aligned}
258.228 \times 8 &= 2.065.824 \\
233.216 \times 2 &= 466.432 \\
1.892.786 \times 0.50 &= 942.930 \\
247.130 \times 2 &= 494.260 \\
\hline
&\ 3.969.466 \text{ francs.}
\end{aligned}
$$

Or. . . . .

Somme que je ferai figurer à l'actif du compte Octroi.

Ci-contre un autre tableau établissant la valeur nette d'une viande soumise à l'un et l'autre des deux systèmes, droit spécifique et droit de quotité. Je le recommande à ton attention.

___

(1) Annuaire statistique de la Ville de Paris.

(2) En 1887, le nombre des bœufs, taureaux, vaches, s'est élevé à 284,371 têtes.

Valeur nette d'une viande soumise à l'un et l'autre des deux systèmes.

DÉSIGNATION des ESPÈCES	POIDS MOYEN	DROIT SPÉCIFIQUE			DROIT DE QUOTITÉ		
		DROITS de marché	Octroi-abatage	TOTAUX	DROITS de marché	d'abatage	TOTAUX
		Fr. c.	Fr. c.	Fr. c.	Fr. c.	Fr. c.	Fr. c.
Bœuf	350	3 »	41 07	44 07	6 »	8 »	14 »
Vache	250	3 »	24 33	24 33	6 »	8 »	14 »
Taureau	400	3 »	46 94	49 94	6 »	8 »	14 »
Veau	85	2 »	9 97	11 97	4 »	2 »	6 »
Mouton	20	» 30	1 95	2 25	» 60	» 50	1 10
Porc	85	2 »	9 97	11 97	4 »	2 »	6 »

Il découle du rapprochement de ces deux totaux que le dégrèvement offert par le droit de quotité doit être digne de ton bon accueil, et qu'il laisse loin derrière lui, le droit fixe perçu par tête de bétail, en vertu de l'ordonnance royale du 23 décembre 1846 :

Par Bœuf	53 francs
Vache	35
Veau	11
Mouton, chèvre, bouc	4
Porc	14

OU PASSENT LES VIANDES SACRIFIÉES DANS LES ABATTOIRS DE LA VILLE DE PARIS

Il appert du tableau ci-dessous, puisé à la même source, que les viandes sacrifiées dans les abattoirs de la ville de Paris ont reçu les destinations suivantes :

Paris	144.991.510 kilos
Extérieur	15.030.483

ESPÈCES de VIANDES	QUANTITÉS TOTALES des viandes provenant d'abatages	QUANTITÉS DE VIANDES SORTIES DES ABATTOIRS		RÉPARTITION DES SORTIES POUR PARIS		
		POUR L'EXTÉRIEUR	POUR PARIS	DIRIGÉES aux Halles centrales	ENVOYÉES au marché de l'abattoir de la Villette	VENDUES SUR PLACE dans les échaudoirs
	kil.	kil.	kil.	kil.	kil.	kil.
Bœufs . . . Vaches . . Taureaux . Veaux . . . Moutons . .	138.709.828	14.871.890	123.837.938	8.504.000	4.103.880	132.383 620
Porcs . . .	18.312.165	158.593	18.153.572			
	(1) 157.021.993	15.030.483	141.991.510			

(1) En 1887, ce total s'est élevé à 164,109,645 kil.

Les viandes expédiées aux halles et celles amenées au
marché à la viande de l'abattoir de la Villette y sont vendues à la criée ou à l'amiable. Le marché de l'abattoir de
la Villette, de date assez récente, est aujourd'hui en pleine
prospérité. Il doit cette prospérité à sa clientèle spéciale
de bouchers de la banlieue qui en venant faire leurs achats
à l'abattoir, apportent les sortes de viandes dont ils ne
trouvent pas le débit dans leurs étaux. Les affaires traitées
sur place dans les échaudoirs entre chevillards, bouchers
et charcutiers atteignent un chiffre fort respectable.

BOUCHERS

Les viandes sacrifiées dans les abattoirs de Paris sont
livrées à la consommation par l'intermédiaire de la corporation des bouchers et des charcutiers dont je vais te faire
l'historique.

Dans les principales villes de la Gaule de même qu'à
Rome, un certain nombre de familles étaient chargées de
l'achat des bestiaux et du commerce des viandes. A Paris,
ces familles formèrent de bonne heure une espèce de communauté, dans laquelle les droits attachés à l'exercice de
la profession se transmettaient de mâle en mâle, et augmen-
taient les prérogatives et les biens des autres familles,
quand l'une d'elles venait à n'être plus représentée que par
des femmes. Ainsi s'expliquent leur richesse et leur puis-
sance à une époque où leur nombre avait beaucoup diminué, et le rôle important que jouèrent les bouchers de
Paris dans les troubles qui agitèrent le règne de Charles VI.

Les bouchers de cette communauté, dont les premiers
statuts écrits remontent à l'année 1182, jouissaient d'importants privilèges. Présidés par leur maître, ils jugeaient eux-
mêmes leurs différends en première instance et ne les portaient qu'en appel devant le prévôt de Paris. Lorsque leurs
étaux devinrent insuffisants, par suite de l'agrandissement
de Paris, ils obtinrent une espèce de juridiction sur les
bouchers qui s'établirent en dehors de leur communauté;
plus tard le roi Jean les dispensa de se transporter dans
les provinces où les appelaient leurs procès avec les forains,
en leur accordant le droit d'attirer à Paris toutes les causes
« pour y être décidées en première instance devant le prévôt et par appel au parlement ».

Tous leurs étaux se trouvaient réunis à l'origine dans la
boucherie située près du parvis Notre-Dame, à l'extrémité
orientale de l'île. Dans la suite ils disposèrent d'un second
bâtiment sur la rive droite de la Seine, près de la porte
principale de Paris, comme le rappelle encore le nom de la
vieille tour Saint-Jacques de la Boucherie. Ils joignirent à
cet établissement tous les étaux qui s'étaient installés
auprès des leurs et ce lieu prit alors le nom de Grande-
Boucherie. En 1260 les étaux s'étaient multipliés dans la
ville : indépendamment de la boucherie du parvis, aban-
donnée par la communauté et accordée par Philippe-Auguste

en 1222, à l'évêque de Paris et au chapitre, d'autres halles avaient été fondées par les religieux de Saint-Germain-des-Prés, les Templiers, le prieur de Saint-Paul, les religieux de Sainte-Geneviève, etc. Les religieux de Saint-Germain-des-Prés, firent même rebâtir, en 1370, une seconde boucherie, qu'ils affermèrent à une nouvelle communauté de bouchers, avec l'assentiment du roi Charles V. De fréquentes contestations s'élevèrent alors entre les bouchers de la porte de Paris et leurs concurrents. Déjà le roi Jean avait songé à réduire tous les bouchers de la ville en une seule et même communauté, pour mettre fin aux désordres qui résultaient de ces incessantes rivalités : Charles VI en 1416, crut pouvoir exécuter ce dessein après l'expulsion de la faction bourguignonne dont les bouchers s'étaient montrés les zélés partisans. La communauté de la Grande Boucherie fut dissoute ; on confisqua ses biens et son bâtiment fut démoli et remplacé par quatre nouvelles boucheries. Mais en 1418, les Bourguignons ayant repris le dessus, la communauté rétablie dans tous ses biens, droits et priviléges, fit rebâtir la Grande Boucherie sur son ancien emplacement.

Vers 1465, les propriétaires de la Grande Boucherie réduits à quatre ou cinq familles, commencèrent à délaisser l'exer-cice de leur profession, et à louer leurs étaux à des étaliers ou compagnons bouchers. Condamnés par divers arrêts à occuper en personne leurs étaux, ils réussirent à se soustraire à cette obligation en 1557 ; mais leurs locataires qui jusque-là n'avaient eu rien de commun pour la discipline avec les autres bouchers de la Ville, se sentant discrédités par les abus que commettaient plusieurs d'entre eux, demandèrent à être érigés en maîtres bouchers, et présentèrent à cet effet des statuts qui leur furent accordés par lettres patentes en 1587. Ces lettres patentes furent enregistrées malgré l'opposition des propriétaires de la Grande Boucherie, à la condition que les nouveaux maîtres seraient incorporés à la communauté des autres bouchers de la Ville ; que les statuts seraient communs et que les propriétaires de la Grande Boucherie ne pourraient louer à d'autres qu'à des maîtres bouchers.

Les statuts des maîtres bouchers de la Grande Boucherie furent confirmés par Henri IV en 1594; mais les autres bouchers n'y accédèrent définitivement qu'en 1650, par un concordat homologué le 28 janvier 1653. A partir de ce moment les bouchers ne formèrent plus qu'un seul corps. C'est peu de temps après cette réunion, en 1673, que les bouchers de la porte de Paris perdirent leur privilège de se juger eux-mêmes, aux termes de l'édit du 23 février de la même année, qui attribua toutes les juridictions particulières au tribunal du Châtelet.

Les règlements auxquels l'autorité soumettait le commerce de la boucherie avaient pour but d'assurer l'approvisionnement de la Ville, de prévenir le prix excessif des viandes et de garantir leur salubrité.

C'est ainsi que l'histoire de la boucherie avant 1791 nous montre l'administration continuellement attentive à entretenir soit à Paris, soit dans les environs des marchés où les bouchers pouvaient acheter les quantités de bestiaux nécessaires. Il était expressément interdit à qui que ce fût de détourner les bœufs destinés à Paris; les bouchers prêtaient serment de ne s'occuper que des approvisionnements de la Ville; ils ne pouvaient se rendre au-devant des marchands forains et devaient faire en personne leurs acquisitions sur le marché.

C'est encore dans l'intérêt de l'approvisionnement que les simples courtiers vendeurs qui s'étaient entremis jusqu'en 1392 entre les forains et les bouchers pour vendre les bestiaux, en recevoir et en remettre le prix, furent remplacés par douze officiers appelés jurés vendeurs. Ces officiers plusieurs fois supprimés et toujours rétablis par suite des exactions auxquelles se livraient ceux qui s'emparaient de leurs fonctions, ne disparurent qu'en 1707, lorsqu'un édit du roi créa une bourse dans chacun des marchés de Sceaux et de Poissy et institua cent offices de trésorier.

Du xive au xvie siècle, de nombreuses expériences furent traitées sans résultat pour arriver à établir d'une manière fixe et certaine le prix de la viande. L'autorité finit par s'arrêter aux mesures suivantes : les bouchers durent signer sur un registre le nombre et le prix des bestiaux qu'ils avaient achetés pour qu'on pût faire des comparaisons avec leurs prix de vente ; le prix de location des étaux fut limité ; défense fut faite à chaque boucher d'avoir plus d'un étal dans une boucherie et plus de trois dans la Ville ; enfin toutes les assemblées à l'effet de s'entendre et de faire des conventions secrètes, furent sévèrement interdites.

La salubrité des viandes était l'objet de semblables préoccupations de la part de l'autorité. Pour pratiquer la profession de boucher, il fallait justifier de sa moralité et de la connaissance que l'on avait de cet état. Les conditions d'exploitation et d'abatage étaient expressément déterminées par les règlements, et la surveillance des étaux rigoureusement exercée, d'abord par des bouchers jurés assistés d'écorcheurs, fut en dernier lieu confiée à des inspecteurs dont on réunit les offices aux corps et aux communautés des villes en 1704.

L'organisation de la boucherie ne laissait guère à désirer qu'en ce qui touche les tueries de bestiaux. Au moment de la Révolution, on n'était pas encore parvenu à éloigner de l'intérieur de la ville ces annexes de boucherie et les écrits du temps nous retracent l'aspect déplorable que présentaient certaines rues de Paris, notamment le faubourg Saint-Germain.

En 1791, quelques désordres résultèrent de l'application au commerce de la boucherie du principe absolu de la liberté et dès le mois de juillet de la même année la taxe fut rétablie.

En conformité de la loi du 29 septembre 1793, des mesures furent prises pour empêcher la mise en vente des viandes insalubres. L'arrêté du 8 vendémiaire an XI, subordonna l'exercice de la profession à l'autorisation du

Préfet de police, institua le syndicat de la boucherie, exigea des bouchers un cautionnement, en un mot, commença la réorganisation du commerce de la boucherie. Cette réorganisation fut complétée par le décret du 6 février 1811, qui créa la Caisse de Poissy et fixa le nombre des bouchers à 300, en décidant que la réduction des étaux, qui s'étaient élevés un moment de 230 à 1,000 s'opérerait par voie d'achat. Le nombre des bouchers était déjà tombé, par ce moyen, de 500 à 370, lorsqu'une ordonnance royale de 1822 suspendit les rachats. Une nouvelle ordonnance de 1825 décida qu'à dater de 1828, le nombre des étaux cesserait d'être limité, supprima le syndicat, et augmenta en même temps les obligations imposées aux bouchers. Cet essai n'ayant pas réussi, le commerce de la boucherie fut encore une fois réorganisé par une ordonnance du 18 octobre 1829. Le nombre des bouchers fut alors limité à 400 et il fut stipulé que les étaux dépassant ce nombre seraient rachetés à l'aide des cautionnements.

Les principales mesures prises, depuis cette époque, concernant le commerce de la boucherie sont : l'abolition des droits d'octroi pendant six jours, immédiatement après la révolution de 1848 ; l'autorisation de la vente quotidienne de la viande dans les marchés publics ; l'organisation de la vente à la criée en gros, au marché des Prouvaires ; l'établissement de la vente au détail et à la criée dans les divers marchés, de morceaux de viande pesant au plus 3 kilogrammes et le nouvel essai de taxation de la viande tenté en 1855. Enfin un décret du 27 février 1858 a rendu libre le commerce de la boucherie à Paris et n'a réservé que la surveillance de l'administration dans l'intérêt de la salubrité.

Je terminerai cette notice, que tu trouves déjà peut-être trop longue, en y ajoutant quelques détails généralement peu connus, concernant la boucherie des Israélites.

Aux abattoirs se trouvent des garçons bouchers israélites ; auxquels, conformément à la loi de Moïse, on a conservé le nom de sacrificateurs. Revêtus d'un tablier blanc qui les couvre du haut de la poitrine jusqu'aux pieds comme une tunique, ils ouvrent le cou du bœuf par une profonde entaille; lorsque le bœuf a perdu tout son sang, le sacrificateur visite minutieusement tous les organes intérieurs de l'animal et s'il trouve une de leurs moindres parties adhérentes au corps ou des parties adhérentes entre elles, le bœuf est déclaré non recevable, on va en chercher un autre sur lequel les mêmes opérations sont renouvelées. Les israélites ne consomment que les viandes désignées sous le nom de basse et moyenne, c'est-à-dire le collet, les épaules et les côtes. Les parties les plus recherchées, telles que les filets, la culotte, etc., sont revendues par les bouchers israélites à ceux de leurs clients ou de leurs confrères qui appartiennent aux autres cultes.

CHARCUTIERS

Historique. — Le premier document qui fasse mention des charcutiers est une sentence de 1475, rendue par la garde de la Prévôté de Paris, en forme de statuts, et portant réglementation pour les *charcutiers et saulcisseurs.*

Les marchands privilégiés désignés dans cet acte devaient acheter la viande de porc aux étaux des bouchers et ne pouvaient, ni vendre leurs produits pendant les jours d'abstinence, ni même exercer leur profession depuis le 15 septembre jusqu'au carême.

Une nouvelle sentence du 25 septembre 1477 admit, moyennant certains droits, comme maîtres charcutiers, tous ceux qui exerçaient la profession.

Ce n'est qu'un demi-siècle plus tard, que le commerce de la charcuterie fut émancipé de la servitude dans laquelle le tenait la boucherie. Le 18 juillet 1513, le roi Louis XII, prenant en considération les doléances des charcutiers et le bien-être du menu peuple, permit aux charcutiers d'acheter des porcs vivants aux marchés de la ville de Paris et autres lieux, pour en débiter la chair crue ou cuite.

Les privilèges accordés par Louis XII furent confirmés et étendus à différentes époques par ses successeurs et, notamment, le 28 juillet 1745 et le 16 août 1783.

Les maîtres charcutiers avaient seuls le droit de vendre, tant en gros qu'en détail, et de fabriquer tout ce qui se fait soit avec la chair de porc frais ou salé, soit avec d'autres viandes hachées ou mélangées avec la chair de porc. Quelques réserves seulement en faveur des épiciers et des pâtissiers. Les premiers pouvaient vendre certaines marchandises provenant des provinces éloignées, telles que jambons, saucissons crus et entiers, lard salé et cuisses d'oie en tonnes seulement; les seconds avaient la permission d'acheter de première main aux forains, le lard frais et de fabriquer les mélanges de viande et de chair de porc, à la condition d'acheter chez les maîtres charcutiers toute la chair de porc qui leur était nécessaire.

En 1791 la charcuterie profita de l'abolition des jurandes et des maîtrises; toutefois la limitation du nombre des charcutiers, rétablie dès l'année 1793, ne fut définitivement supprimée qu'en 1823. Aujourd'hui le commerce de la charcuterie, tant en gros qu'en détail, est réglé par les ordonnances de police du 21 avril 1804 et du 25 septembre 1815.

Les prescriptions de ces ordonnances sont de la part de l'administration, l'objet de la vigilance la plus attentive, en ce qui concerne leur observation tant à domicile que sur les marchés. La mise en consommation de toute marchandise soupçonnée d'insalubrité est rigoureusement interdite.

La marchandise de charcuterie n'exigeant, le plus souvent, aucune préparation nouvelle et pouvant se consommer sur l'heure, a toujours été une précieuse ressource pour la population ouvrière. Elle se débite à Paris en quantités considérables et fournit aux déjeuners et aux soupers des petits ménages. Depuis quelques années les charcutiers joignent à la vente des produits spéciaux de leur industrie le commerce de divers comestibles, tels que pâtés de gibier, foies gras, volailles truffées, homards et primeurs.

Il ressort de l'examen que j'ai fait du relevé spécial des professions à Paris en 1886 (1), que le nombre des bouchers et charcutiers établis dans cette ville, s'élevait à cette époque à 5,859 et que l'évaluation locative de leurs établissements pouvait se chiffrer en moyenne par 2,500 francs l'un.

Appliquant à chacun de ces établissements la taxe de remplacement de 12 0/0, le produit atteindra 1,577,700 francs que je ferai figurer à l'avoir du compte Octroi.

$$5,859 \times 2,500 = 13,147,500 \times 12 \; 0/0 = 1,577,000 \text{ francs.}$$

TAXE DE REMPLACEMENT DU DROIT D'ABATAGE
APPLICABLE AUX VIANDES VENDUES A LA CRIÉE ET A L'AMIABLE
DANS LES PAVILLONS 3 ET 5 DES HALLES CENTRALES

La ville de Paris étant approvisionnée de viandes, non seulement par les envois des abattoirs, mais également par ceux de la province, il m'a paru équitable de réclamer aux viandes expédiées par les bouchers de l'extérieur aux ventes à la criée et à l'amiable des pavillons 3 et 5 des Halles Centrales, en dehors du droit d'abri de 2 fr. 10 c., une taxe égale au droit d'abatage de 2 francs que toute viande expédiée sur ces marchés par les bouchers de la ville a acquittée à sa sortie des abattoirs.

J'ai eu recours pour la solution de ce problème :

1º Aux décrets des 10 octobre 1859 et 23 juin 1878, plaçant dans les attributions du préfet de la Seine l'assiette et la perception des droits dans les halles et marchés :

2º Au tableau des provenances de la viande vendue aux Halles en 1887.

---

(1) Fº 33.

ORGANISATION DES MARCHÉS DE PARIS — VENTE EN GROS
FACTORAT

Les ventes en gros sont faites, soit à la criée, soit à l'amiable.

Les légumes ont, de tout temps, été vendus à l'amiable, mais le poisson, la viande, les beurres, œufs et fromages, et, en général, tous les produits amenés dans l'intérieur des pavillons étaient, jusqu'en 1878, vendus presque exclusivement à la criée par des facteurs privilégiés placés sous la direction et le contrôle immédiat de la préfecture de Police. Le nombre de ces facteurs était limité à trente-neuf, répartis de la manière suivante :

Marché à la viande	3
— aux fruits et légumes	2
— aux beurres, œufs et fromages	7
— aux huîtres	2
— au poisson	8
— à la volaille	8
— aux grains et farines	9

Le décret du 23 janvier 1878 a mis fin à cet état de choses et, depuis le 1er avril 1878, les ventes en gros des denrées alimentaires peuvent s'opérer à Paris, sur tous les marchés, à la criée ou à l'amiable, au gré des intéressés, dans les conditions déterminées par les décrets, règlements et ordonnances de police en vigueur.

Il peut être procédé par toutes personnes, aux ventes à l'amiable, mais les ventes à la criée ne peuvent être faites que par les facteurs. Toutefois, le nombre de ces derniers n'est plus limité et le contrôle de leurs opérations, par la préfecture de Police, ne consiste plus que dans l'obligation pour ceux-ci de produire un procès-verbal détaillé de leurs opérations. Un duplicata de ce procès-verbal est adressé simultanément à la Préfecture de la Seine.

Les facteurs peuvent exercer sur tous les marchés de

denrées alimentaires, sans distinction spéciale, ils sont seulement tenus de se conformer à toutes les prescriptions des règlements administratifs et des ordonnances de police concernant les halles.

Dans aucun cas et sous aucun prétexte, les facteurs ne peuvent faire soit directement, soit indirectement, le commerce des denrées qu'ils sont chargés de vendre.

Ils ne peuvent non plus, à quelque titre que ce soit, sinon comme commissionnaires ou représentants des producteurs, être intéressés aux ventes où ils opèrent officiellement.

Il peut être procédé par eux, soit à l'amiable, soit à la criée, aux ventes qui leur sont confiées.

Ils sont responsables envers les approvisionneurs de la marchandise que ceux-ci leur ont expédiée ou consignée.

Ils sont tenus de remettre à leurs commettants facture des denrées qu'ils ont vendues pour leur compte et de leur en payer le montant aussitôt après la fermeture du marché.

Tout crédit accordé par eux aux acheteurs est à leur charge sans qu'ils puissent exercer aucun recours contre les consignataires, ni prétexter le moindre retard de paiement.

Tout compte de facteur peut être transmis à la préfecture de Police, pour vérification et constatation de sa concordance avec le procès-verbal de vente, par l'expéditeur qui a fait vendre des marchandises à la criée.

Antérieurement au 1er avril 1878, les facteurs du marché au poisson remboursaient à la Ville les traitements des divers agents de la préfecture de Police (compteurs, verseurs, etc.) chargés des opérations matérielles du marché.

Actuellement, les facteurs choisissent et entretiennent à leurs frais les commis, crieurs, verseurs et autres agents qui les assistent dans leurs opérations. Ils sont responsables des actes de ces agents et soumis à cet égard, comme pour leurs actes personnels, à l'action disciplinaire de la Préfecture de la Seine ou de la préfecture de Police, suivant la nature de la faute commise.

Jusqu'au 1er avril 1882, un droit de commission, dont le maximum était déterminé par le Conseil municipal, était attribué aux facteurs sur le montant des ventes opérées par eux. Ce droit a été supprimé par une ordonnance de police du 13 mars 1882. Le taux de la commission est réglé actuellement à prix débattu entre les facteurs et leurs clients, sans intervention de l'Administration.

Quoique pouvant exercer dans tous les pavillons, les facteurs, en fait, limitent leurs opérations à une seule branche de commerce, de façon à se constituer une clientèle. Dans certains cas, plusieurs facteurs s'associent pour exploiter une même factorerie. Dans d'autres, les facteurs se font suppléer, dans les ventes, par des employés à leur solde, inscrits eux-mêmes sur le registre des facteurs. C'est ainsi que le nombre des facteurs s'élevait, en 1887, à 179, bien que celui des factoreries ne fût que de 129. Celui des facteurs pour les ventes en gros des viandes aux Halles Centrales s'élevait, en 1886, à 35.

NATURE ET MONTANT DES PERCEPTIONS — VIANDES

La vente en gros, à la criée, des viandes a été établie le 19 juin 1860, dans la partie Sud du pavillon 3 des Halles Centrales où elle occupe une superficie de 1,415 mètres environ.

Le marché est ouvert tous les jours, à cinq heures du matin, du 1er avril au 30 septembre, et à six heures, du 1er octobre au 31 mars. Il est clos à la fin des enchères.

Le droit perçu au profit de la Ville est un droit d'abri fixé à 2 fr. 10 par 100 kilogrammes. (Délibération du Conseil municipal du 5 juin 1872.)

Cette vente, assez languissante et peu approvisionnée à ses débuts, s'est développée par la suite et donne lieu actuellement à d'importantes transactions.

A côté de la vente à la criée, l'Administration s'était

préoccupée, dès 1868, d'instituer une vente en gros à l'amiable des viandes, soit par les propriétaires ou leurs représentants, soit par les commissionnaires.

La moitié du pavillon 5 avait été appropriée à cet effet, mais l'installation du marché fut retardée par les événements de 1870-1871, et ce n'est qu'en 1873, par une délibération du 30 décembre, que le Conseil municipal décida qu'il y avait lieu de créer une vente en gros à l'amiable des viandes dans la partie Sud du pavillon 5 des Halles et de fixer à 2 fr. 10 c. par 100 kilogrammes, comme pour les ventes à la criée, le taux du droit d'abri. Ces dispositions ont été rendues exécutoires, à partir du 14 avril 1874, par un arrêté réglementaire du 27 mars de la même année.

VENTES A LA CRIÉE ET A L'AMIABLE AUX PAVILLONS 3 ET 5 DES HALLES CENTRALES EN 1887 [1]

Ventes à la criée et à l'amiable. — Les quantités de viandes vendues par les facteurs et les commissionnaires des deux pavillons se sont élevées à. . . . . 37.180.171 k.
Celles vendues à la criée. . . . . 5.727.408 »
42.909.579 k.

Les provenances de ces viandes sont indiquées dans le tableau ci-dessous :

Chemins de fer. . .	Départements.	21.324.559 k.	24.090.579 k.
	Étranger . . .	2.766.020 »	
Abattoirs de Paris			11.050.000 »
Ville.			4.539.000 »
Banlieue.			3.228.000 »
			42.907.579 k.

Que conclure du mécanisme qui régit les ventes à l'amiable et à la criée, faites dans les pavillons 3 et 5 des Halles centrales et quelle déduction tirer de l'étude du tableau des provenances de viande, si ce n'est que la perception du

---

[1] Annuaire statistique de la ville de Paris, f° 405.

droit d'abri de 1 fr. 10 c. greffé du droit d'abatage de 2 francs sera entourée de toutes les garanties voulues, et qu'une erreur d'application de taxe sur les viandes provenant des abattoirs de la Ville ne saurait se produire. Je me crois donc, dans ces circonstances, autorisé à faire figurer au compte Octroi une somme de 500,000 francs représentant le quantum du droit d'abatage que la viande provenant de l'extérieur aurait payée, si elle avait été sacrifiée dans les abattoirs de la Ville.

Tu crois peut-être que la solution de ce problème sera goûtée de tout le monde. Dissuade-toi. Je vois d'ici MM. les commissionnaires et les facteurs aux Halles m'accuser de vouloir leur ruine, sous prétexte que les ventes à la criée et à l'amiable des pavillons 3 et 5 sont appelées à disparaître sous bref délai par suite de la concurrence qui leur sera faite par des établissements analogues créés en dehors des Halles. Ils prétendront, en outre, que MM. les bouchers de la capitale n'auront plus qu'à fermer leurs étaux, la viande de l'extérieur arrivant grande première dans la consommation parisienne.

Ces craintes me paraissent exagérées, c'est-à-dire qu'elles ne m'effraient pas outre mesure.

Je sais effectivement qu'un commissionnaire en viande, pour éviter les droits d'abri de 2 fr. 10 c. par 100 kilogrammes, que toute viande à son introduction dans les marchés des Halles est tenue d'acquitter, a créé, il y a quelques années déjà, rue des Prouvaires, en face les pavillons 3 et 5, un établissement un tant soit peu étroit, assez profond et fort bien agencé, dans lequel il vend à l'amiable des viandes que ses commettants lui expédient de province. Je sais, en outre, que ce négociant est fort intelligent et qu'il fait des affaires. Mais à part cet établissement et deux ou trois autres de moindre importance, n'ayant qu'une vente spéciale, celle des aloyaux et filets, peut-on en citer beaucoup d'autres? Non. Peut-on en créer beaucoup d'autres? Je réponds également non.

L'établissement dont je te parle ne doit pas seulement sa prospérité à l'intelligence du patron qui le dirige, mais bien aussi à sa proximité des pavillons, en ce que les acheteurs, avant d'arrêter leur choix, font la navette, c'est-à-dire qu'ils vont des pavillons à la rue des Prouvaires et *vice versa*. Il ne fait de doute pour personne que cette clientèle vacillante disparaîtrait comme par enchantement pour tout autre établissement qui se créerait à cent mètres de là. Or, où trouver dans cette rue des Prouvaires, bondée de marchands de vins en détail et de restaurateurs, peu disposés, je pense, à céder leurs établissements pour des coquilles de noix, un local qui puisse, par son étendue et le prix de la location, répondre au but proposé; je ne le vois pas.

Quant à l'absorption de la vente de la viande par les envois directs de la province, elle ne me paraît pas présenter un danger aussi redoutable. Il y aura peut-être un léger déplacement profitable à quelques intéressés; mais le marché des Halles sera toujours le grand centre d'approvisionnement pour nos ménagères et la clientèle des restaurants et des pensions de la ville de Paris. Je finis en te disant qu'une réforme, tant heureuses que soient les modifications qu'elle apporte, lèse toujours quelques intérêts.

Je dis au revoir aux viandes de boucherie. Je quitte les pavillons 3 et 5 pour aller frapper à la porte du pavillon 4 et demander à la volaille et au gibier une légère obole que je me me ferai un sensible plaisir de déposer dans la tirelire de mon petit protégé : octroi de la ville de Paris.

VOLAILLES ET GIBIERS

Ce marché a été établi le 26 décembre 1886 dans le pavillon 4 des Halles centrales.

Il comporte deux carreaux pour les ventes en gros; l'un,

d'une superficie de 2,196 mètres, est affecté aux ventes à la criée par les facteurs; l'autre, dans la partie centrale, occupe une étendue de 720 mètres superficiels et est réservé à la vente amiable par les approvisionneurs.

Les ventes sont ouvertes à 8 heures du matin, du 1er décembre au 31 janvier; à 7 heures et demie, pendant les mois de février et de novembre; à 7 heures, pendant les mois de mars et d'octobre, et à 6 heures et demie, du 1er avril au 30 septembre.

Elles sont closes, pour la criée, à la fin des enchères et, pour l'amiable en même temps que pour la criée, sans toutefois que la clôture puisse avoir lieu avant 9 heures du matin du 1er avril au 30 septembre et avant 10 heures du 1er octobre au 31 mars.

La délibération du Conseil municipal du 30 avril 1874 (approuvée par décret du 28 juillet suivant), qui a converti en taxe le droit *ad valorem* perçu primitivement sur la volaille et le gibier vendus en gros aux Halles, a aussi subdivisé ces denrées en quatre catégories taxées de la manière suivante :

1re catégorie : Coqs de bruyère, outardes, canes petières, faisans, perdrix, bartavelles, lagopèdes ou perdrix blanches, grouses, bécasses, bécassines, coqs de bois, gélinottes, cailles, alouettes, grives, râles de genêts, becs figues, ortolans, lots de crêtes de coq, rognons de poulets, foies de canards, 75 francs les 100 kilogrammes.

2e catégorie : Dindons, canards domestiques, poulets, pintades, pigeons, oies sauvages, canards pilets, canards siffleurs, rouges de rivière, sarcelles, poules d'eau, râles d'eau, vanneaux, merles et chevreuils, 30 francs les 100 kilogrammes.

3e catégorie : Oies domestiques, lièvres, lapins de garenne, cerfs et biches, daims, chamois et isards, sangliers et marcassins, hérissons, écureuils, agneaux, cochons de lait, ours, bisons, poules de prairies, macreuses, pigeons ramiers, et tous gibiers et volailles entrant dans l'alimentation, non compris dans les précédentes catégories, 18 francs les 100 kilogrammes.

4° catégorie : Lapins domestiques et chevreaux, 9 francs les 100 kilogrammes.

En outre, un droit d'abri de 2 francs par 100 kilogrammes est établi sur les deux marchés de la criée et de l'amiable, à quelque catégorie qu'appartiennent les marchandises mises en vente.

La tenue du marché et la perception du droit d'abri sont réglementées par les arrêtés des 13 septembre 1874 et 30 avril 1875. Le marché est quotidien.

Aucun emplacement spécial n'est réservé à la vente à la criée des pigeons, cette vente devant être effectuée comme toutes les autres, d'après l'ordre d'arrivée et le classement des marchandises.

Le minimum des lots de denrées pouvant être mis en vente sur les marchés de gros, a été déterminé par deux arrêtés des 23 juin 1881 et 16 avril 1883.

La consommation de Paris, en volailles et gibiers, a atteint en 1887, d'après les introductions constatées par l'octroi, 26,297,359 kilos.

Les apports à la halle figurent dans ce nombre pour 22,437,086 kil., et le droit d'abri s'est élevé à 458,964 francs.

Ces diverses espèces de volailles et de gibiers, rangées dans leurs catégories respectives, auraient à acquitter par les taxes que je propose :

50 francs par 100 kilogrammes pour la 1re catégorie, au lieu de 75 francs.

18 francs par 100 kilogrammes pour la 2e catégorie, au lieu de 30 francs.

12 francs par 100 kilogrammes pour la 3e catégorie, au lieu de 18 francs.

6 francs par 100 kilogrammes pour la 4e catégorie, au lieu de 9 francs.

une somme de 3,571,629 francs que je ferai figurer à l'avoir du compte octroi de la Ville de Paris. Cette somme, par rapport aux droits de 5,792,810 francs perçus sur ces produits alimentaires, constituera un dégrèvement de 2 millions 224,181 francs.

Ci-dessous trois tableaux que j'ai dressés pour l'édification de mon dire.

Le premier comprend les quantités de volaille et de gibier vendus en gros en 1887 ; le second l'état des marchandises étrangères introduites sur le marché pendant l'année 1887 ; et le troisième la démonstration du dégrèvement proposé.

Quantités de Volaille et Gibier vendus en gros en 1887.

NATURE DES VENTES	QUANTITÉS	POIDS TOTAL	POIDS MOYEN PAR PIÈCE
			Kil.
Pintades	56.577	113.154	2. »
Poulets.	6.312.052	11.046.001	1.750
Canards	841.696	1.262.544	1.300
Lapins.	2.696.393	2.696.413	1. »
Oies	611.391	2.445.564	4. »
Dindons	326.324	1.305.380	4. »
Pigeons.	2.231.061	669.318	0.300
Agneaux	16.343	98.658	6. »
Lièvres.	293.526	884.214	3. »
Perdreaux	586.499	290.749	0.500
Faisans.	93.251	111.901	1.200
Cerfs et Chevreuils	13.285	497.790	35. »
Alouettes.	1.429.951	85.558	0.040
Chevreaux	121.961	609.810	5. »
Bécasses	28.467	8.656	0.300
Bécassines	35.131	8.685	0.250
Cailles	174.772	15.877	0.100
Cochons de lait	2.927	23.416	8. »
Lots de Crêtes	13.284	»	»
Grives et Merles	263.275	21.851	0.083
Râles.			
Rouges.	Voir aux pièces non classées.		
Pilets			
Pluviers	Avec les vanneaux.		
Sarcelles	13.934	6.409	0.460
Vanneaux.	46.619	9.323	0.200
Sangliers.	1.699	84.650	50. »
Pièces non classées	351.746	141.075	»
Totaux.	16.667.155	22.437.086	

Droits d'abri : 458.954 francs.

VOLAILLES ET GIBIERS

État des marchandises étrangères introduites sur le marché pendant l'année 1887

PROVENANCES	ESPÈCES	NOMBRE DE PIÈCES	KILOG.	RAPPORT % %
Allemagne.	Lièvres	265.[illegible]		
	Faisans	25.000		
	Perdrix	200.[illegible]		
	Sangliers	1.[illegible]		
	Bécasses	6.[illegible]	1.165.710	57 0 0
	Bécassines	11.[illegible]		
	Chevreuils	2.[illegible]		
	Cerfs	6.[illegible]		
	Grives et Merles	1.[illegible]		
	Divers			
Hollande et Belgique.	Faisans	25.000		
	Bécasses	4.500		
	Bécassines	16.[illegible]		
	Canards	20.000		
	Vanneaux	50.000	91.410	4 0 0
	Perdrix			
	Sarcelles	8.000		
	Coqs de bruyère	6.500		
	Divers	10.000		
Espagne.	Faisans	6.000		
	Perdrix	20.000		
	Bécasses	500		
	Bécassines	[illegible]		
	Chevreuils	10		
	Vanneaux	6.000	31.482	1.40 0/0
	Sansonnets	10.000		
	Grives	600.000		
	Alouettes	1.500.000		
	Élans	[illegible]		
	Cailles	10.000		
	Divers	10.000		
	À reporter		1.601.051	

PROVENANCES	ESPÈCES	NOMBRE DE PIÈCES	KILOG.	RAPPORT % %
	Report		1.601.051	
Angleterre et Écosse.	Faisans	20.000		
	Bécassines	4.000		
	Canards	10.000	48.896	1.70 0 0
	Sarcelles	2.000		
	Coqs de bruyère	3.000		
	Divers	1.000		
Italie.	Perdrix	10.000		
	Grives	10.000		
	Pigeons	2.000.000		
	Pintades	25.000	865.815	33 0 0
	Cailles	150.000		
	Poulets	50.000		
	Dindes	1.000		
	Divers	10.000		
Russie.	Gelinottes noires	[illegible]		
	Lièvres blancs	1.250		
	Lagopèdes	500	4.270	0.20 0 0
	Bonnes	50		
	Grands Coqs de bruyère	[illegible]		
	Divers	[illegible]		
Autriche et Hongrie.	Lièvres	6.800		
	Faisans	6.000		
	Perdrix	21.400		
	Sangliers	10		
	Chevreuils	90	44.974	2 0 0
	Cerfs	50		
	Dindes	[illegible]		
	Grives et Merles	[illegible]		
	Poulets	[illegible]		
	Divers	[illegible]		
	TOTAL		2.565.307	

VOLAILLES ET GIBIERS

PRODUIT DE L'OCTROI EN 1887

CATÉGORIES	QUANTITÉS	MONTANT DES DROITS	SOMMES
1re. . . .	344.277 k.	75 » 0/0 k.	408.207 »
2e. . . .	14.312.219 —	30 » —	4.293.665 »
3e. . . .	4.074.292 —	18 » —	733.372 »
4e. . . .	3.306.298 —	9 » —	297.566 »
	22.437.086 k.		5.792.810 »

PRODUIT DES TAXES PROPOSÉES

CATÉGORIES	QUANTITÉS	MONTANT DES TAXES	SOMMES
1re. . . .	344.277 k.	50 » 0/0 k.	272.138 »
2e. . . .	14.312.219 —	18 » —	2.612.199 »
3e. . . .	4.074.292 —	12 » —	488.915 »
4e. . . .	3.306.298 —	6 » —	198.377 »
	22.437.086 k.		3.571.629 »

Soit un dégrèvement de 2.221.181 francs.

Les taxes différentielles que je propose, s'expliquent par la nature et la valeur des produits qu'elles atteignent. Je te dirai que j'ai suivi pour leur graduation, le raisonnement qui a dû présider à la taxation de leurs aînées et qui est basé sur ce principe, que tout impôt doit être proportionnel à la valeur relative du produit qu'il atteint. C'est donc avec juste raison que le gibier et les volailles d'un prix élevé et d'une consommation de luxe avaient, été rangés dans la première catégorie et frappés d'une taxe de 75 francs par 100 kilos. J'ai cru devoir suivre cet exemple, ai-je en tort?

Les ventes en gros des volailles et gibiers, rangés dans la première catégorie, ne sauront subir de modifications sensibles, par suite de l'importance des arrivages venant de l'étranger. Quant au mode de perception de la taxe demandée et à la garantie de son recouvrement, je n'en parlerai pas à nouveau; cette question ayant été tranchée à la satisfaction générale dans l'article précédent. Tout me donne à espérer que tu accueilleras favorablement le système que je viens de t'exposer.

Quoique j'aie hâte de te quitter, je ne veux pas le faire sans te faire part d'un article paru dans *la Mercuriale des Halles et Marchés*, relatant diverses plaintes d'expéditeurs de province, prétendant être victimes de certaines fraudes, ayant trait notamment à la dissimulation du prix réel de vente. Je ne sais si ces plaintes sont fondées, mais avec un peu de bonne volonté on pourrait, il me semble, y remédier. On n'aurait qu'à en saisir nos édiles et je ne doute pas qu'un prompt remède serait apporté à cet état de choses, contraire aux sentiments de probité qui animent les commissionnaires et les facteurs du pavillon 4 : La femme de César ne doit pas même être soupçonnée.

Je cours aux pavillons 9 et 12 où ont été établis les marchés et la vente en gros des poissons, coquillages et des huîtres, voir si je pourrai pêcher un petit goujon pour mon nourrisson;

POISSON D'EAU DOUCE

La vente en gros du poisson d'eau douce est établie dans le pavillon 9 des Halles centrales, depuis le 28 décembre 1857.

Les ventes sont faites à la criée ou à l'amiable; elles commencent savoir :

A 6 heures du matin, du 1er avril au 30 septembre;

A 6 heures et demie, pendant les mois de mars et d'octobre;

Et à 7 heures, pendant les mois de janvier, février, novembre et décembre.

Elles sont closes, pour la criée, à la fin des enchères, et pour l'amiable, à 10 heures du matin, du 16 avril au 16 septembre, et à 11 heures, du 16 septembre au 15 avril.

La délibération du Conseil municipal, du 5 septembre 1878, qui a converti en droits d'octroi, les droits *ad valorem* perçus antérieurement sur les poissons de mer et d'eau douce amenés aux Halles, a fixé à 1 franc par 100 kilogrammes, le droit d'abri à acquitter pour ces deux sortes de denrées. Il les a, en outre, divisés pour la taxe d'octroi, en deux catégories, dont la nomenclature sera donnée au paragraphe relatif à la marée.

La loi du 31 mai 1865 a prohibé la vente, le transport, le colportage, l'importation et l'exportation du poisson d'eau douce, pendant la période d'interdiction de la pêche, habituellement fixée du 20 octobre au 31 janvier, pour la truite, le saumon et l'ombre-chevalier, et du 15 avril au 15 juin, pour les autres poissons. Une exception, toutefois, a été faite pour le poisson provenant des étangs ou des réservoirs appartenant à des particuliers.

Le marché en gros du poisson d'eau douce est réglementé par l'arrêté du 25 mars 1878, modifié, dans quelques-unes de ses dispositions, par les arrêtés du 18 décembre 1879 et 5 août 1880. Un autre arrêté du 23 juin 1881 a fixé le minimum des lots pouvant être mis en vente.

MARÉE

La vente en gros à la criée et à l'amiable de la marée a été installée le 28 décembre 1857 dans le pavillon 9 des Halles centrales, où elle occupe, avec la vente en gros du poisson d'eau douce, un emplacement de 1700 mètres superficiels, tant à l'intérieur que sur les trottoirs et la chaussée longeant le pavillon.

Les ventes sont quotidiennes; elles sont ouvertes et closes aux mêmes heures qu'au marché du poisson d'eau douce.

La transformation en taxe d'octroi des droits *ad valorem* perçus sur les poissons de mer et d'eau douce a été décidée par délibération du Conseil municipal du 5 décembre 1878.

Le droit d'abri a été fixé à 1 franc par 100 kilogrammes pour toutes les espèces de poisson de mer et d'eau douce frais, sec ou salé, à l'exception toutefois des moules et coquillages, pour lesquels ce droit a été abaissé à 0 fr. 10 c.

La même délibération a déterminé ainsi qu'il suit les droits d'octroi à percevoir sur les différentes sortes de poisson, savoir :

1re catégorie: Saumons, truites de toutes espèces, ombres chevaliers, barbues, turbots, bouquets, rougets-barbots ou de la Méditerranée, langoustes, homards, féras, écrevisses et bars, 40 fr. 20 c. par 100 kilogrammes.

2e catégorie: Mulets, lamproies, esturgeons, soles, sterlets, anguilles, brochets, carpes et carpeaux, perches et goujons, 24 fr. 60 c. par 100 kilogrammes.

Tous les autres poissons, crustacés et mollusques non dénommés ont été affranchis des droits d'octroi, à l'exception des huîtres, qui sont l'objet d'une tarification spéciale.

Les poissons et coquillages sont vendus à la criée et à l'intérieur du pavillon.

Le marché à l'amiable se tient sur les trottoirs est, ouest et sud.

SALINE

Une délibération du 1er juillet 1864, approuvée par arrêté du même jour, a autorisé l'apport et la vente à la criée, sur le marché à la marée, des poissons fumés et salés.

Cette vente n'a donné que peu de produits. Le commerce de la saline se fait, pour la majeure partie, dans les magasins particuliers, mais ce commerce n'a pas une importance bien considérable, et le poisson salé tend chaque jour à disparaître de la consommation parisienne.

Les introductions de poissons rangés dans les deux catégories frappées, la première du droit d'octroi de 40 francs par 100 kilogrammes et la deuxième d'un droit de 20 francs, se sont élevées en 1887 à 4,568,407 kilogrammes. En frappant d'un droit moitié moindre, soit 20 francs pour la première catégorie et 10 francs pour la deuxième, et admettant que le nombre de kilogrammes soit également réparti dans chacune d'elles, on obtiendra de la multiplication du nombre de kilogrammes par la taxe moyenne 15 une somme de 685,261 francs que je ferai figurer au compte octroi, au lieu de celle de 1,370,522 fr. 10 c. actuellement perçue.

HUITRES — PAVILLON N° 12

Le marché en gros des huîtres tenait, depuis le 7 août 1886, dans la partie sud du pavillon 12 des Halles centrales, sur un emplacement d'une superficie de 288 mètres ; il s'étendait, en outre, sur le trottoir sud et sur une portion du trottoir ouest, du même pavillon. Il a été transféré, à partir du 1er septembre 1887, dans la partie sud-est, jusqu'à la grille du milieu et sur le trottoir en bordure de ce nouvel emplacement.

Un tiers de l'emplacement est réservé à la vente à la

criée par les facteurs ; le surplus est affecté aux ventes à l'amiable par les approvisionneurs.

Le marché est quotidien ; il est ouvert à 6 heures du matin en toute saison. Les ventes sont closes, savoir :

A 10 heures du matin, du 1er mai au 14 juin ;

A midi du 1er septembre au 30 avril.

Une exception à cette règle a été faite par un arrêté du 30 octobre 1882, qui a décidé que les ventes pourraient être prolongées jusqu'à 6 heures du soir les jours suivants :

Le 31 octobre ;

Le 1er novembre ;

Les 24 et 26 décembre ;

Le 31 décembre ;

Le 1er janvier ;

Les dimanche, lundi et mardi gras ;

Les dimanche et lundi de la Pentecôte.

Au point de vue de la perception des droits substitués, par la délibération du Conseil municipal du 22 octobre 1874, aux anciens droits *ad valorem*, les huîtres ont été divisées en trois catégories :

1° Les huîtres à coquilles lourdes pesant 45 kilogrammes et au-dessus le cent d'huîtres, tarifées à raison de 6 francs par 100 kilogrammes ;

2° Les huîtres à coquilles légères pesant moins de 45 kilogrammes le cent, tarifées à raison de 18 francs les 100 kilogrammes ;

3° Les huîtres d'Ostende, à 36 francs les 100 kilogrammes.

En 1887, en vertu d'une délibération du Conseil municipal du 20 mars, une quatrième catégorie a été établie pour les huîtres du Portugal. Le droit a été fixé à 5 francs par 100 kilogrammes.

Les huîtres amenées aux Halles sont en outre soumises à un droit d'abri de 0 fr. 05 c. par centaine.

La vente et le colportage des huîtres de toute provenance destinées à l'alimentation publique ont été interdits, du 1er juin au 1er septembre, par un décret du 12 janvier 1882.

Le marché des Halles est régi par l'arrêté réglementaire du 25 mars 1878.

Le chiffre des quantités introduites sur le marché à la vente en gros des huîtres, pendant l'année 1887, est indiqué dans le tableau suivant :

DÉSIGNATION DES ESPÈCES — 1887	CENTAINES
Arcachon	26.830
Portugaises	123.007
Marennes	44.975
Armoricaines.	415 .
Cancale	8.610
Courseulles-Saint-Waast.	6.297
Ostende	5
	210.139

D'après les renseignements fournis par les Compagnies de chemins de fer, les quantités introduites aux Halles, bien qu'ayant à peu près doublé depuis dix ans, ne représentent guère plus de 20 0/0 de celles introduites à Paris.

Les prix moyens sont à peu de chose près les mêmes pour les années 1887 et 1886, comme le démontre le tableau ci-dessous :

DÉSIGNATION DES ESPÈCES	1887 CENTAINES	1886 CENTAINES
	fr. c.	fr. c.
Arcachon.	6 25	6 50
Portugaises.	4 08	4 15
Marennes.	9 17	9 20
Armoricaines	9 16	9 15
Cancale.	12 60	12 70
Courseulles-Saint-Waast	13 25	13 25
Ostende	10 »	»

D'après l'octroi, le poids total des huîtres introduites à Paris en 1887, déduction faite des huîtres marinées, s'élèverait à 7,786,098 kilos. En 1886, il avait été de 8,112,993 kilos.

Les quantités d'huîtres amenées aux Halles se sont élevées en 1889 à 2,540,116 kilos, soit environ un tiers de la consommation totale.

Les différences sensibles entre les arrivages d'huîtres au pavillon des Halles et les introductions totales dans Paris, dénotent que la prospérité de ce marché laisse beaucoup à désirer. Cet état de choses est dû à diverses causes, et les droits différentiels, frappant les huîtres d'après les catégories dans lesquelles elles ont été rangées, y comptent pour beaucoup. Et dans cette circonstance, dussé-je susciter contre moi le courroux des libres-échangistes, des protectionnistes et des fervents adeptes du principe de l'impôt proportionnel, je n'hésiterais pas, pour donner une activité réelle à ce marché et permettre à la classe laborieuse de savourer les huîtres de nos provenances qui, en qualité, l'emportent de beaucoup sur leurs congénères du Portugal, à ramener toutes ces taxes au droit unique de 5 francs par 100 kilogrammes.

De ce chef, je toucherais, pour mon petit protégé, un revenu annuel de 125,000 francs, 2,540,116 kilos $\times$ 5 0/0 == 125,005 fr. 80 c.

Le projet que je te soumets, tout en sauvegardant les intérêts de la Ville, satisfera, je pense, consommateurs et producteurs.

Ma pêche n'a réellement pas été trop mauvaise, et sous le coup d'une douce satisfaction facile à comprendre, je cours de ce pas, pour faire frire mon poisson, aux beurres du pavillon n° 10.

BEURRES, FROMAGES, ŒUFS

La vente en gros des beurres, œufs et fromages a été établie le 25 janvier 1858, dans le pavillon n° 10 des Halles centrales.

Un emplacement spécial était réservé sur le trottoir nord du pavillon n° 10, pour la vente à l'amiable des fromages, par les approvisionneurs, les mardis et vendredis.

Le 4 août 1887, la vente en gros des fromages fut transférée dans la partie sud du pavillon n° 12 et le pavillon n° 10 fut affecté en entier à la vente en gros des beurres et œufs.

Le marché à l'amiable des fromages par les approvisionneurs, a été reporté, à partir de la même date, sur le trottoir ouest du pavillon n° 12.

La vente en gros à l'amiable des beurres est ouverte à 6 heures du matin, du 1er mars au 31 octobre et à 7 heures du 1er novembre au dernier jour de février.

L'ouverture de la vente à la criée a lieu savoir :

Beurres en mottes : à 9 heures, du 1er mars au 31 octobre, et à 9 heures et demie, du 1er novembre au dernier jour de février.

Beurres en demi-kilogramme : 7 heures du matin, du 1er mars au 31 octobre; 8 heures, du 1er novembre au dernier jour de février.

Petits beurres : aussitôt après la clôture de la vente aux enchères des beurres en demi-kilogrammes.

Beurres salés ou fondus : aussitôt après la clôture de la vente des petits beurres.

Les ventes sont closes : pour la criée, à la fin des enchères, et pour l'amiable, à 11 heures du matin en toute saison.

Les œufs et les fromages sont vendus à la criée à partir de 7 heures du matin, du 1er mars au 31 octobre et de 8 heures du 1er novembre au dernier jour de février.

Les ventes sont closes à la fin des enchères.

La vente à l'amiable a lieu, de 6 heures à 11 heures du matin, du 1er mars au 31 octobre et de 7 heures à 11 heures, du 1er novembre au dernier jour de février.

Le tarif des droits applicables aux beurres et œufs entrés dans Paris a été fixé ainsi qu'il suit par la délibération du Conseil municipal, du 5 décembre 1878 qui a converti en taxe d'octroi les droits *ad valorem* perçus antérieurement, savoir :

1° Beurres de toute espèce, margarines, beurrines et autres produits analogues ayant l'apparence de beurre, par 100 kilos 14 fr. 60 c.

2° Œufs, 4 fr. 20 par 100 kilogrammes.

De plus, le Conseil municipal a établi sur les beurres et œufs amenés aux Halles un droit d'abri uniformément fixé à 1 franc par 100 kilogrammes.

Les fromages ont été assujettis au même droit d'abri, mais ils ont été dispensés de la taxe d'octroi, à l'exception des fromages secs qui acquittent un droit de 11 francs par 100 kilogrammes.

La vente des beurres en mottes a lieu quatre jours par semaine, les lundi, mercredi, jeudi et samedi. Le marché se tient tous les jours, sauf le dimanche, pour les beurres en demi-kilogramme et pour les petits beurres ou beurres de qualité inférieure, ainsi que pour les beurres salés ou fondus.

La vente en gros des œufs et des fromages a lieu tous les jours, excepté le dimanche.

Le régime du marché des beurres, œufs et fromages est déterminé par l'arrêté réglementaire du 18 décembre 1879, modifié par les arrêtés des 7 janvier 1881, 13 juin 1882 et 2 avril 1883.

BEURRES

Les apports de beurres aux Halles, en 1887, se sont élevés à 11,542,891 kilogrammes.

Détail par espèces, des quantités introduites.

DÉSIGNATION	KILOGRAMMES
Beurres { Vendus à l'amiable par les approvisionneurs.	513 »
Beurres { En mottes	7.862.532 »
Beurres { En demi-kilog	1.978.657 »
Petits beurres	1.700.781 »
Beurres salés ou fondus	408 »
	11.542.891 »

Provenance et quantités de beurres introduits.

PROVENANCE	CHOIX	BEURRES		PETITS BEURRES
		EN MOTTES	DEMI-KILOG	
		kil.	kil.	kil.
France. . . . . {	1er	3.796.667	384.334	»
France. . . . . {	2e	2.506.730	1.594.323	982.403
France. . . . . {	3e	1.118.003	»	617.334
Étranger . . . . {	1er	405.997	»	»
Étranger . . . . {	2e	35.137	»	101.044
Étranger . . . . {	3e	»	»	»

Prix moyen. — Malgré la fabrication des beurres artificiels dont la production est considérable, les cours se sont assez bien maintenus en 1887; ils présentent même, sur ceux de l'exercice 1886, une légère augmentation.

NATURE DES BEURRES	PRIX MOYENS		AUGMENTATION	DIMINUTION
	1887	1886		
	fr. c.	fr. c.	fr. c.	fr. c.
En mottes	3 19	3 16	» 03	» »
En demi-kilog.	2 56	2 52	» 04	» »
Petits beurres	2 14	2 13	» 03	» »
Salés ou fondus.	» 95	1 44	» »	» 49

Réexpéditions. — En raison de la fermeté relative des cours, les réexpéditions ont été moins considérables en 1887 qu'en 1886.

On peut évaluer à 867,600 kilogrammes le poids total des beurres de toute espèce réexpédiés aux marchands établis dans la banlieue de Paris.

En 1886, ce chiffre s'était élevé à 879,000 kilogrammes.

Mon protégé, en reconnaissance de l'excellente friture qu'il vient de savourer, me prie instamment d'accorder une récompense à nos producteurs et fabricants de beurres, ce que je fais de grand cœur; et dès ce jour, la taxe de 14 fr. 20 c. qui frappe les beurres sera ramenée à 5 francs par 100 kilogrammes. Cette taxe, quoique légère, fera déverser dans la Caisse municipale une somme de 550,000 francs. Quant au drawback que j'ai en profonde suspicion, je ne voudrais pas en présence d'un dégrèvement aussi sensible en entendre parler. J'espère que la Société des Agriculteurs de France me saura gré de cet acte de générosité et que je vais pouvoir rentrer dans ses bonnes grâces.

Quand on fait du bien on ne saurait trop en faire. Voici ce qui se passe: mon protégé, encouragé par ce premier succès, revient à la charge et me demande le dégrèvement complet des œufs et des fromages. Je me suis laissé attendrir, et sous le coup d'un élan irrésistible, je dépassais le but assigné en prononçant la suppression de la taxe d'oc-

troi de 4 fr. 20 c. par 100 kilogrammes pour les œufs et
de 11 fr. 40 c. pour les fromages secs. Nos ménagères, les
garçons de bureau de nos grands établissements financiers,
les petits employés des ministères, etc., n'auront pas lieu
de se plaindre de cette mesure radicale, et la tartine que
l'enfant allant à l'école emporte dans son petit panier
d'osier n'en sera que plus grasse.

Cet excès de largesses de ma part n'entraine pas la dé-
chéance de tes droits pour exiger de moi quelques notes
aussi brèves que possible sur les apports d'œufs et de fromages au marché du pavillon 10 des Halles centrales.

Quantités des Œufs et Fromages apportés aux Halles
et montant des droits d'abri perçus, de 1886 à 1887.

	1886		1887	
	QUANTITÉS	DROITS D'ABRI	QUANTITÉS	DROITS D'ABRI
Œufs.	258.533.260	Francs. 162.466	260.537.703	Francs. 153.629
Fromages { Frais . .	Kil. 6.457.835	Francs. »	Kil. 6.351.222	Francs. »
{ Secs (1) .	727.452	»	509.270	»
Totaux. . . .	7.285.287	73.554	6.950.492	71.158

(1) Les fromages secs vendus aux Halles représentent 13 0/0 des quantités introduites
dans Paris.

FRUITS ET LÉGUMES

Je suis sous le coup d'un désespoir profond ; la poire que
je m'étais réservée pour la soif fond dans ma bouche sans
y laisser un atome de fraîcheur : voici en deux mots ce
dont il s'agit. Je me reprochais d'avoir oublié dans ma
course désordonnée de la Halle aux beurres, les fruits et

légumes du pavillon 6, et, par un mouvement tournant, je tombais dessus à l'improviste, avec l'intention bien arrêtée de leur imposer une contribution assez rondelette. Il se trouve, à ma grande surprise, que ces produits sont affranchis de taxe d'octroi et qu'ils ne paient qu'un droit d'abri établi comme suit par une délibération du Conseil municipal du 7 juin 1878.

Première catégorie : Ananas, amandes, asperges, champignons, fraises, framboises, figues vertes, grenades, groseilles, cassis, melons, truffes, abricots, pêches et raisins en boîtes, par 100 kilogrammes, 2 francs.

Exempter de taxes d'octroi, se contenter d'un droit d'abri de 2 francs par 100 kilogrammes sur ces fruits qui ne se consomment guère, je suppose, sur la table de l'ouvrier, me tracassait; je me sentais tout disposé à en réclamer le relèvement, lorsque je crus néanmoins devoir prendre conseil du président de la Société d'horticulture, M. H..., dont le savoir égale la modestie, et du vice-président, M. Ch. J..., que tout le monde floral et horticole connaît pour ses rapports des expositions 1878 et 1889 et ses remarquables travaux sur les serres des jardins. Notre entrevue fut des plus charmantes et notre entretien des plus courtois. Aussi pour leur être agréable et ne point troubler le sommeil profond d'un ancien voisin de campagne, qui aimait beaucoup les cerises, je laisse à d'autres la responsabilité d'un droit d'abri plus élevé. Puissse cette observation porter des fruits.

Je le soumets ci-après, à titre de renseignements, le tableau des quantités de fruits et légumes apportés sur le marché des halles en 1886 et en 1887 et montant des droits d'abri perçus.

NATURE DES DENRÉES		QUANTITÉS	
		1886	1887
		kil.	k. l.
1re CATÉGORIE .	Ananas, amandes, asperges, fraises, champignons, framboises, figues vertes, grenades, groseilles, cassis, melons, truffes, abricots, pêches et raisin en boîte. .	1.338.010	1.627.171
2e CATÉGORIE .	Cerises, merises, mandarines, noix, noisettes, prunes, pois verts, haricots verts, tomates, persil, conserves de fruits et légumes, abricots, pêches et raisins en paniers, pruneaux, artichauts. . . .	5.404.920	5.084.490
3e CATÉGORIE .	Tous autres fruits et légumes, le cresson excepté.	3.752.270	3.918.105
4e CATÉGORIE .	Cresson.	4.804.725	5.120.925
	TOTAUX.	15.293.925	15.750.691
	Droits d'abri.	fr. c. 113.047 36	fr. c. 117.647 28

MARCHANDS DE VOLAILLES ET DE GIBIER

Les quatre cinquièmes des volailles et gibier, des poissons, des beurres, des fromages achetés aux ventes en gros à la criée et à l'amiable des pavillons 4, 9, 10 et 12 des Halles centrales, sont vendus au détail, par les marchands de volaille et gibier, les fruitiers et marchands de comestibles et par les rôtisseurs, le surplus ayant été adjugé aux restaurateurs, aux Bouillons Duval et de la Société parisienne, et à l'Assistance publique.

Suivant le relevé spécial des professions à Paris, paru en 1886, les marchands de beurre, fromage, poissons, volailles, gibier, fruits et légumes, s'élevaient au nombre de 9,375; mais ayant distrait de ce nombre 2,375 fruitiers comme vendeurs de légumes, ils ne figureront plus que pour 7,000.

Je ne ferai point l'historique des marchands de volailles et gibiers dits poulaillers vendeurs de volaille et de gibier habillés et lardés qui, à la suite d'une longue contestation avec les rôtisseurs, virent leur privilège réduit par Louis XII, à la vente des volailles et du gibier en poil et plume. Je ne m'étendrai point également sur les crémiers-fromagers, ni sur les marchands de comestibles de luxe, tels que gibier, volaille, poisson de choix. Je fixerai le loyer de chacun d'eux à 2,000 francs en moyenne et par l'application de la taxe de 12 0/0, j'augmenterai les recettes municipales d'une somme annuelle de 1,680,000 francs (7,000 $\times$ 2,000 = 14,000,000 $\times$ 12 0/0 = 1,680,000).

En parcourant les artères par lesquelles circulent les produits alimentaires avant de prendre corps avec la consommation, j'ai constaté que les bouchers, les marchands de volaille et de gibier, de comestibles, les crémiers et fromagers dont je viens de parler et auxquels j'ai demandé une contribution, n'étaient pas les seuls à servir d'intermédiaire entre les produits achetés aux ventes à la criée et à l'amiable et les consommateurs, qu'il y en avait également d'autres, ayant établi leur siège, soit dans les Halles centrales, soit dans divers marchés appartenant à la Ville et régis par elle. Et comme j'ai frappé les premiers, il me semble logique d'atteindre aussi ceux qui se sont installés dans les pavillons des Halles, réservés aux ventes en détail et dans les marchés couverts et découverts.

VENTES AU DÉTAIL · HALLES CENTRALES · PAVILLON N° 3

La partie nord du pavillon 3 des Halles centrales est affectée à la vente en détail de la viande de boucherie. Ce marché comprend 74 places de 8 mètres superficiels chacune. Il est ouvert tous les jours, de 4 heures du matin à 6 heures et demie du soir, du 1er avril au 30 septembre et de 5 heures du matin à 5 heures et demie du soir, du 1er octobre au 31 mars.

Le prix de la location des places, qui, lors de l'installation des détaillants, le 8 octobre 1860, avait été fixé à 3 francs par jour, fut porté à 4 francs par arrêté du 5 juin 1872.

Dans ce pavillon 3, les droits de location ont atteint en 1887, savoir :

Places . . . . Fr.	108.040	»
Resserres des détaillants	4.270	35
Bureaux des facteurs	1.000	»
Resserres des facteurs	211	70
Total . . . . Fr.	113.522	05

PAVILLON N° 5

Les parties nord-est du pavillon 5 sont affectées, depuis le 3 mai 1869, à la vente au détail de la charcuterie et de la triperie. Ce marché comprend 102 places, savoir : 50 places de six mètres superficiels chacune, réservées aux charcutiers, et 52 places de 4 mètres superficiels, destinées au commerce de la triperie et des issues.

Les ventes sont ouvertes à 4 heures du matin, du 1er avril au 30 septembre et à 5 heures du 1er octobre au 31 mars.

Elles sont closes à 6 heures du soir, du 1er octobre au 31 mars et à 7 heures, du 1er avril au 30 septembre.

Les détaillants sont admis pendant toute la nuit dans le pavillon, pour la réception de leurs marchandises.

Le prix de location des places, fixé primitivement à 2 fr. 25 c. par jour pour la charcuterie, a été porté par l'arrêté du 15 juin 1872, à 2 fr. 50 c.

En 1887, les droits de location se sont élevés, savoir :

Pour les places de charcuterie à. . . . . Fr.   45.572 50
Pour les resserres des détaillants.   . . . .   4.500 »
Pour les resserres des commissionnaires . . . .   200 »
Pour le bureau du régisseur du stationnement . . . . .   1.000 »
                                    Total . . . . Fr.   51.272 50

PAVILLON N° 9

La vente au détail du poisson et des huîtres est installée, depuis le 28 décembre 1857, dans une portion du pavillon 9 des Halles.

Le marché est quotidien et comprend :

1° 24 places de 4 mètres superficiels, réservées à la vente du poisson d'eau douce;

2° 136 places de 4 mètres également, pour la vente de la marée et de la saline;

3° 36 places de 4 mètres, dites mobiles;

4° 12 places de 2^m40, pour la vente des huîtres.

5° 36 bassins de un mètre superficiel.

L'ouverture des ventes a lieu à 6 heures du matin, du 1er avril au 30 septembre et à 7 heures, du 1er octobre au 1er mars.

La fermeture a lieu à 8 heures du soir en toute saison.

Les droits de location ont été fixés, par l'arrêté du 15 juin 1872, ainsi qu'il suit par place et par jour :

Places de poisson d'eau douce . . . . . Fr.   1.75
Places de marée. 1.50
Places mobiles   40
Places des huîtres   40
Bassins.   20

Ces diverses places, ainsi que les resserres et un atelier

de marinerie situé dans le sous-sol, ont donné lieu, en 1887, aux perceptions suivantes :

Places de poisson d'eau douce . . . . Fr.	15.317	75
Places de marée	74.331	»
Places mobiles	5.253	20
Places des huîtres	1.752	»
Bassins	864	»
Resserres des détaillants	5.394	06
Resserres des facteurs et commissionnaires .	6.805	56
Atelier de marinerie	1.000	»
Total . . . . Fr.	110.777	57

PAVILLON N° 11

Le pavillon 11, ouvert le 26 octobre 1857, est affecté à la vente au détail de la volaille. Il comprend cent quarante-six places.

Les ventes commencent à 4 heures du matin, du 1er avril au 30 septembre, et à 5 heures, du 1er octobre au 31 mars.

Elles sont closes à 8 heures du soir en toute saison.

Comme aux pavillons 7 et 8, les détaillants peuvent rester à leurs places après la fermeture du marché, du 15 mai au 31 octobre de chaque année.

Les marchands de volaille sont admis à l'intérieur du pavillon jusqu'à 11 heures du soir, pour la réception de leurs marchandises.

Le tarif des locations, établi par l'arrêté du 15 juin 1872, est le suivant par place et par jour :

Places de volaille . . . . Fr.	1.50
Resserres de volaille	» 10

Les produits, en 1887, ont été :

Pour les places de volaille, de . . . . Fr.	62.736	»
Pour les resserres de volaille, de	6.494	40
Total . . . . Fr.	69.230	40

PAVILLON N° 12

La partie nord du pavillon 12 des Halles est occupée, depuis le 26 octobre 1857, par la vente au détail des beurres, œufs et fromages; cent quarante places de 4 mètres superficiels sont affectées à ce genre de commerce.

Les ventes commencent à 4 heures du matin, du 1er avril au 30 septembre, et à 5 heures, du 1er octobre au 31 mars.

Elles sont closes à 8 heures du soir en toute saison.

Le tarif des places a été fixé par l'arrêté du 15 juin 1872, à 1 fr. 25 c. pour les places de beurres, œufs et fromages.

Les produits, en 1887, se sont élevés, savoir :

Pour les places de beurres, œufs et fromages . . Fr.	64.131 25
Pour les resserres de détaillants.	17.149 »
Pour les resserres des facteurs et commissionnaires .	1.124 95
Total . . . . Fr.	92.405 20

En résumé, les droits perçus par la Ville, dans les Halles centrales, pour droits de places et locations diverses, se sont élevés, en 1887, aux chiffres suivants :

Pavillon n° 3 . . . . Fr.	113.522 05
Pavillon n° 5	51.272 50
Pavillon n° 9	110.777 57
Pavillon n° 11	69.230 40
Pavillon n° 12	92.405 20
Total . . Fr.	437.207 72

Frappant le total des droits s'élevant à 437,207 fr. 72 c. de la taxe de 12 0/0, on obtiendra pour la recette municipale une somme de 53,465 francs.

MARCHÉS DE QUARTIER

Dans les différents quartiers de Paris, sont installés des marchés pour la vente des comestibles, des fleurs, des oiseaux, etc.

Les marchés alimentaires, de beaucoup les plus nombreux et les plus importants, ne sont pas soumis à une réglementation unique. Les uns appartiennent à la Ville et sont gérés directement par elle. D'autres, dont la Ville s'est également réservé la propriété, sont concédés pour une certaine durée, à des Sociétés ou à des particuliers qui les exploitent à leurs risques et périls, sous le contrôle et la surveillance des agents de l'Administration. Quelques-uns enfin, existant en vertu de tolérances ou d'autorisations anciennes, constituent des propriétés particulières et échappent à toute action administrative.

MARCHÉS ALIMENTAIRES RÉGIS PAR LA VILLE

Les marchés alimentaires régis par la Ville, sont au nombre de vingt-neuf. Douze sont couverts et tiennent tous les jours; les dix-sept autres sont de simples stationnements sur la voie publique et n'ont lieu que certains jours de la semaine.

La distribution des places sur ces deux genres de marchés, ainsi que sur les marchés de détail des Halles centrales, est réglée par l'arrêté du 1er août 1885.

La plupart des détaillants occupent des places fixes dont les droits de location sont payés par semaine; ceux-ci sont considérés comme étalagistes et soumis comme tels, au demi-tarif de la patente spéciale à leur industrie. Ils acquittent, en outre, une taxe généralement fixée à 0 fr. 20 c.

ou 0 fr. 25 c. pour les marchés couverts et 0 fr. 10 c. pour les marchés découverts, par place et par semaine, pour contribution dans les frais de balayage.

MARCHÉS COUVERTS

Tous les marchés couverts sont quotidiens.

Un gardien, logé dans le marché, veille à la sécurité de l'établissement et des marchandises resserrées dans les places.

Dans chaque marché, un inspecteur de police est chargé d'assurer l'exécution des règlements, en ce qui concerne l'ordre, la police et la salubrité.

Les questions relatives à l'entretien et au nettoiement du marché, à l'occupation des places et à la perception des droits, incombent aux agents de la Préfecture de la Seine.

Tableau des produits des Marchés couverts en 1887 (Alimentation).

DÉSIGNATION DES MARCHÉS	PRODUITS	
	Fr.	c.
Marché de l'Ave-Maria	20.000	»
— Beauveau-Saint-Antoine	50.000	»
— des Blancs-Manteaux	20.000	»
— des Carmes	20.000	»
— du Gros-Caillou	18.000	»
— de la Chapelle	55.000	»
— des Martyrs	25.000	»
— Nicole	19.000	»
— de Passy	25.000	»
— de Saint-Germain	100.000	»
— du Temple (alimentaire)	40.000	»
— de Wagram	10.000	»
	402.000	»

MARCHÉS DÉCOUVERTS

Les marchés découverts se tiennent sur la voie publique et n'ont lieu que deux ou trois fois par semaine.

Le système des marchés découverts a conquis dans ces derniers temps les préférences du public. Tandis que les marchés couverts quotidiens ont vu peu à peu décroître leurs produits, les marchés découverts ont pris, au contraire, une extension considérable. Non seulement le nombre en a été augmenté, mais la plupart d'entre eux, devenus insuffisants, ont dû être agrandis dans des proportions importantes.

Les détaillants sont tenus de faire usage des abris fournis par des concessionnaires. L'emploi des toiles de fond est facultatif, mais la fourniture ne peut également en être faite que par ces concessionnaires ; toutefois les détaillants peuvent utiliser les tables leur appartenant.

Les prix maxima de location sont établis ainsi qu'il suit :

Abris par place de 4 mètres superficiels et par jour de marché. Fr. 0,35

Toiles de fond. 0,10

Tables par jour de marché. 0,20

Le prix de location des places est fixé à 0 fr. 10 c. par mètre et par jour de marché, non compris une taxe de 0 fr. 10 c. par place et par semaine, pour contribution dans les frais de balayage.

Tableau des produits des Marchés découverts en 1887.

DÉSIGNATION DES MARCHÉS	PRODUITS
	Francs.
Marché d'Alésia	3.500
— Belgrand (ouvert le 3 octobre 1888)	»
— de Bercy	16.000
— de Breteuil	11.000
— de Charonne	10.000
— de Clignancourt	7.000
— du Cours de Vincennes	39.000
— du Cours la Reine	8.000
— Dupleix	4.000
— Edgard Quinet	6.000
— de la Gare	4.000
— de Javel	2.000
— de Joinville	10.000
— de Ménilmontant	35.000
— Ordener (ouvert en 1888)	»
— du Point-du-Jour	4.000
— Richard-Lenoir	7.000
	166.500

Additionnant les produits des marchés couverts, s'élevant à 402,000 francs, avec ceux des marchés découverts donnant lieu à une recette de 166,500 francs, nous aurons un total de 568,500 francs qui, frappé de la taxe de 12 0/0, fera verser chaque année, dans la caisse municipale, une somme de 62,220 francs.

MARCHÉS ALIMENTAIRES CONCÉDÉS

Les marchés alimentaires concédés par la Ville sont au nombre de vingt. Ils sont tous couverts.

Les conditions générales qui régissent ces concessions peuvent se résumer ainsi :

Le concessionnaire supporte les frais de premier établissement des marchés, ainsi que les frais d'entretien et d'administration de tout genre. Il distribue les places à son gré et en perçoit le prix suivant un tarif déterminé par le traité ou par des arrêtés préfectoraux, mais il verse à la Ville une redevance fixe, plus une part de ses bénéfices lorsque ceux-ci arrivent à excéder, dans une certaine proportion, les frais annuels augmentés des intérêts et de l'amortissement du capital engagé. Les concessions sont généralement limitées à cinquante ans; quelques-unes seulement atteignent soixante, soixante-dix ans, soixante-quinze ans et même quatre-vingts ans. Au delà de ce terme, la propriété des marchés est acquise à la Ville sans indemnité.

De son côté, la Ville s'interdit d'établir, pendant la durée de la concession, des marchés de même nature que les marchés concédés, dans un rayon qui varie de 700 à 1,000 mètres.

Comme les marchés couverts régis par la Ville, les marchés concédés sont tous quotidiens.

La Compagnie Ferrère, concessionnaire, en vertu d'un traité du 12 décembre 1865, des marchés d'Auteuil, des Batignolles, de Belleville, de l'Europe, Montmartre, Montrouge, Necker, place d'Italie, Saint-Didier, Saint-Honoré, Saint-Quentin et de la Villette, paie une redevance de 169,999 fr. 25 c. M. Demion paie également une redevance de 9,000 francs pour le marché de Grenelle. Enfin MM. Denizeau et Bourcier paient une redevance de 20,000 francs pour le marché des Ternes.

Ces concessionnaires seront-ils passibles de la contribution de 12 fr. 0/0? Je ne saurais me prononcer d'une manière affirmative, ne connaissant pas les clauses et conditions du traité qui les lient avec la Ville. En tout cas, ils ne l'accepteront pas de gaieté de cœur, car ils reprochent amèrement, m'a-t-on dit, à nos édiles, de laisser cette fourmilière de petits marchands poussant devant eux des charrettes à bras chargées de produits alimentaires d'espèces

les plus variées, s'abattre sur la voie publique, comme les moineaux s'abattent dans les jardins des Tuileries sur le morceau de pain lancé en l'air ; ils leur reprochent, dis-je, de s'approcher trop près des marchés qui leur ont été concédés et de leur causer, par cette concurrence directe, un préjudice très sensible. A cette accusation, l'Administration répondrait que n'ayant point fait construire de nouveaux marchés couverts, elle s'est renfermée dans les conditions de son contrat. « Oui, c'est vrai, il n'a pas été
» construit de nouveaux marchés couverts, ripostent les
» concessionnaires, mais vos marchands volants sont
» comme les colimaçons, ils portent tout sur leur dos,
» et doués, par contre, d'une mobilité excessive, ils vont,
» viennent, disparaissent de la zone assignée, sans se
» préoccuper du préjudice réel qu'ils nous causent. »

Je ne veux pas prendre fait et cause pour l'un ou pour l'autre de ces deux antagonistes, et cependant je demande en grâce que l'on apporte un peu d'ordre à cette invasion de la voie publique ; la physionomie de la ville n'aurait qu'à y gagner sous bien des rapports, et chacun de nous pourrait, sans encombre, arriver à son bureau à l'heure réglementaire. Et puis, enfin, il me semble, sans vouloir en quoi que ce soit porter atteinte aux sympathies acquises à ces petits marchands, et je le prouve en ne leur demandant rien, qu'il existe, en dehors des concessionnaires des marchés, une classe de patentés qui a bien droit à quelques égards, j'ai nommé les bouchers, les épiciers, les fruitiers et les marchands de volailles qui ne se sentent nullement épris pour ce genre de commerce fait en plein air, à leur nez et à leur barbe. Je te glisse à la hâte cette réflexion et je t'en laisse seul juge.

La question reste en suspens et je ne ferai figurer que pour mémoire la somme de 24,000 francs, produit de la taxe de 12 0/0 sur les redevances annuelles des marchés concédés, s'élevant ensemble à 200,000 francs environ.

MARCHÉS ALIMENTAIRES PARTICULIERS

Indépendamment des marchés régis directement ou concédés par la Ville, il existe encore quelques marchés alimentaires qui échappent à tout contrôle de l'Administration et qui sont, les uns autorisés par des décisions antérieures aux lois des 15-28 mars et 13-20 août 1790 sur le droit de création des marchés, les autres simplement tolérés. Ces marchés sont au nombre de quatre, savoir : marché des Enfants-Rouges, marché Sainte-Catherine, marché d'Aguesseau, marché Notre-Dame-de-Lorette.

Je finis ce chapitre « Comestibles » en te faisant grâce de la foire aux jambons établie par une charte de Philippe-Auguste, de 1222, qui se tenait le jeudi de la semaine sur le parvis Notre-Dame, et qui a été transférée successivement, savoir :

En 1813, sur le quai de la Vallée ;

En 1832, dans l'intérieur du marché aux fourrages du faubourg Saint-Martin ;

En 1835, sur le pourtour extérieur de l'entrepôt du Marais ;

En 1840, sur le boulevard Bourdon, et enfin, en 1869, sur le boulevard Richard-Lenoir, où elle se tient encore actuellement, et que je contemple chaque année des fenêtres de mon bureau.

---

(1) Cette foire, qui ne durait que trois jours, serait, paraît-il, tenue pendant cinq jours, depuis un récent arrêté préfectoral.

CHAPITRE VI

COMBUSTIBLES

Les produits de l'octroi sur les combustibles, pour l'exercice 1887, se sont élevés à 13,474,449 fr. 61 c., savoir:

DÉSIGNATION DES OBJETS	UNITÉ sur laquelle portent les droits	DROITS D'OCTROI	QUANTITÉS soumises aux droits pendant l'exercice 1887	PRODUITS perçus en principal et décime pendant l'exercice 1887
		Fr. c.	Fr. c.	Fr. c.
Combustibles:				
Bois dur neuf ou flotté. . .	Stère.	3 »	370.282 29	4.137.846 87
Bois blanc neuf ou flotté. .	Stère.	2 22	278.870 20	619.209 01
Cotrets menuise et fagots de toute espèce.	Stère.	1 80	67.064 50	120.716 10
Charbon de bois, charbon artificiel, etc.	Hectolitre.	» 60	4.584.321 29	2.750.593 05
Poussier de charbon de bois, tan carbonisé, etc.. . . .	Hectolitre.	» 30	128.850 05	41.658 40
Houille, coke	100 kilos.	» 72	1.222.843.014 »	8.804.426 18
TOTAL. . . .				13.474.449 61

HOUILLE, COKE

Je suis à me demander si la couleur du charbon de terre n'a pas déteint sur mon rayon visuel. Je vois tout en noir. Que tirer de ce chapitre si chargé? Je ne sais. Quoi qu'il en soit, je vais de nouveau descendre dans la mine, faire le porion.

Après avoir lancé divers ballons d'essai restés infructueux, après quatre ou cinq jours passés dans les différentes galeries de la mine, ce matin je mettais à nu d'un coup de sape un filon qui devait, j'osais du moins l'espérer, faire la lumière sur cette question du produit des houilles, entourée jusqu'ici des mystères les plus ténébreux. Je trouvais, dis-je, dans l'*Annuaire statistique de la ville de Paris en 1887*, f° 496, le passage suivant, que je transcris littéralement :

« DROITS D'OCTROI.

» Les 255,865,786 mètres cubes de gaz consommés dans » Paris pour l'éclairage public et privé, frappés d'un droit » d'octroi de 0 fr. 02 c. par mètre cube, ont produit, » en 1887, une somme de 5,447,315 fr. 72 c., dépassant de » 88,393 fr. 62 c. la somme perçue de ce chef en 1886. »

A la lecture de ce passage, je m'empressais de faire figurer à l'actif de mon petit compte Octroi, la somme ci-dessus précitée, me disant que si la Compagnie du Gaz est tenue de payer à la Ville une somme de 0 fr. 02 c. par mètre cube de gaz, c'est parce que la houille qu'elle emploie à la fabrication de son produit est passible d'un droit d'octroi de 0 fr. 72 c. par 100 kil. Eh bien ! je me trompais. la Compagnie du Gaz ne paie aucun droit d'octroi sur la houille qu'elle reçoit dans ses chantiers, ni sur le coke qu'elle vend ; ce n'est qu'en vertu des clauses et conditions de son traité avec la Ville qu'elle acquitte un droit de 0 fr. 02 c. par mètre cube de gaz consommé dans Paris pour l'éclairage public et privé. D'où il résulte que cette somme, tant convoitée, n'appartient pas au compte Octroi, mais bien au chapitre 26 des recettes ordinaires, redevances diverses payées par la Compagnie parisienne d'éclairage et de chauffage par le gaz.

Comme tu le vois, je marche de déceptions en déceptions, et toutes mes tribulations n'auront abouti qu'à faire constater que si les droits d'octroi sur les houilles disparaissaient, la Compagnie du Gaz, conformément aux clauses de son traité avec la Ville, n'en serait pas moins dans l'obligation d'acquitter envers celle-ci le droit de 0 fr. 02 c. par mètre cube de gaz consommé dans Paris, pour l'éclairage public et privé, jusqu'en 1905, date de l'expiration du susdit traité.

Il ne me reste donc plus, la question n'ayant pas fait de ce côté un pas en avant, qu'à me retourner vers les intermédiaires entre la production et la consommation des combustibles, MM. les négociants en houille, coke, charbons, bois dur et bois blanc, neuf ou flotté.

BOIS A BRULER

Historique. — Les bois de chauffage nécessaires à la consommation de Paris, viennent par charrois, chemins de fer, par bateaux ou par trains. L'invention du flottage appartient à Jean Rouvet, marchand bourgeois de Paris, qui eut l'idée, en 1549, de réunir les eaux de plusieurs ruisseaux du Morvan, d'y jeter le bois coupé dans les forêts et de le faire descendre ainsi jusqu'aux grandes rivières, où l'on en forme des trains que l'on conduit à flot jusqu'à la capitale. Une fois arrivés à Paris, les bois sont transportés dans les différents chantiers, où les particuliers vont faire leur provision.

Il y a quelques années encore, l'usage était à Paris de faire voiturer immédiatement à domicile le bois acheté et de le donner à scier à des hommes de peine; aujourd'hui, le sciage se fait généralement dans les chantiers et constitue, pour les marchands de bois, une sorte d'industrie accessoire.

Les marchands de bois en détail vendent du bois, du charbon de terre, du charbon de bois, de l'eau filtrée peu, par contre beaucoup de vins, et font en outre le métier de porteurs d'eau.

Autrefois le bois se vendait à la voie ou à la demi-corde, c'est-à-dire dans une membrure de charpente ayant quatre pieds en tous sens. Après la Révolution et la suppression de tous les règlements auxquels était assujetti le commerce de bois, le préfet de Police rendit obligatoire la mesure au stère et au double stère. Mais de nombreux abus s'étant introduits dans la livraison du bois à la mesure, plusieurs chefs de grandes maisons demandèrent qu'on lui substituât la vente au poids et une ordonnance de police en date du 7 septembre 1850, établit qu'à l'avenir, les marchands seraient tenus de vendre le bois soit au poids, soit à la mesure, à la volonté de l'acheteur. Depuis cette époque, l'usage de la vente au poids s'est généralisé dans Paris.

Les marchands de bois à brûler en gros, pour répondre aux demandes des industriels, des limonadiers, des restaurateurs, des boutiquiers, etc., ont joint à la vente des bois durs et blancs consommés par la clientèle bourgeoise et la boulangerie, celle de la houille, des charbons de bois, du coke. La plupart d'entre eux jouissent du droit d'admission à la faculté d'entrepôt, c'est-à-dire qu'ils ont un chantier dans lequel ils peuvent, sous le contrôle et la surveillance de l'Octroi, déposer les marchandises qu'ils reçoivent par les chemins de fer, sans être tenus d'en acquitter immédiatement les droits d'octroi, l'Administration ne faisant bénéficier du délai de six mois pour l'acquittement de ces droits, que celles venant par eau, soit en bateau ou en train comme les charpentes, et ce à partir du jour de leur déchargement et de livraison par ses employés.

Le commerce de bois en gros, tenu d'avoir, pour répondre aux exigences de sa nombreuse clientèle, un matériel roulant considérable, tant en voitures qu'en chevaux, procure à la classe ouvrière une somme de travail fort respectable.

Le nombre des marchands de combustibles à Paris, suivant le relevé statistique des Professions en 1887, s'élève à

3,072. Mais, défalquant de ce nombre les 2,500 marchands de bois compris dans un chapitre précédent sous la dénomination de charbonniers vendeurs de vin et d'eau, je ne frapperai de la taxe de remplacement de 12 0/0 que 572 marchands de bois en gros, houille, charbon, etc., parmi lesquels MM. Ouvré, Pingault, Toufflin, Pagès-Rondonneau, Dehaynin, Nizerolle, Breton, Boutin, Rousseau, Coré, Lecœur, de Ribentrop, Ravaut, Guissez, Cousin, Picard tiennent le premier rang.

Et en appliquant à chacun de ces marchands, dont le loyer, valeur locative industrielle, est de 8,000 francs en moyenne, la taxe de 12 0/0, je ferai encaisser annuellement par l'Administration municipale de Paris une somme de 549,120 francs.

$$572 \times 8,000 = 4,576,000 \times 12\ 0/0 = 549,120 \text{ francs.}$$

Cette récolte est maigre; elle ferait mon désespoir si je ne pensais pas à la joie que ce dégrèvement qui ne sera guère inférieur à 13 millions apportera dans les familles. Je constate une fois de plus que les craintes que m'inspirait l'étude du chapitre des combustibles étaient fondées.

Cet insuccès ne m'abat pas, et je porte dès maintenant mes regards sur les bois à ouvrer, bateaux et bois de déchirage qui figurent parmi les produits de l'Octroi pour l'exercice 1887, pour la somme de 4,094,055 fr. 14 c.

CHAPITRE VII

BOIS A OUVRER

Produits de l'Octroi pour l'Exercice 1887.

DÉSIGNATION DES OBJETS	UNITÉ sur laquelle portent les droits	DROITS D'OCTROI	QUANTITÉS soumises aux droits pendant l'exercice 1887	PRODUITS PERÇUS en principal et décime pendant l'exercice 1887
Bois à ouvrer, bateaux et bois de déchirage :		Fr. c.		Fr. c.
Chêne et autres bois durs. .	Stère.	11 28	130.543 32	1.472.789 69
Sapin et autres bois blancs .	—	9 »	289.118 54	2.602.066 86
Lattes et treillages.	100 bottes.	11 28	138.774 »	15.659 39
Bateaux { En chêne	Par bateau.	28 80	14 »	403 20
{ En sapin.	—	14 40	1 »	14 40
Bois de { En chêne	Mètres carrés	» 216	2.686 »	580 24
déchirage { En sapin.	—	» 12	21.178 »	2.541 36
TOTAL.				4.094.055 14

BOIS POUR CHARPENTE, MENUISERIE ET ÉBÉNISTERIE, etc.

Historique. — L'art de scier le bois à la mécanique paraît
être fort ancien, mais ses progrès en France ne datent que
de ce siècle et surtout de l'année 1814. L'ingénieur français
Brunel avait, depuis quelques années déjà, fait l'application
de la scie circulaire au travail du bois dans l'arsenal de
Woolwich, lorsque M. Raguin établit dans ses ateliers de
la Gare les premières grandes scieries mécaniques qui
eussent encore fonctionné en France. Ces machines propres
à débiter les bois de charpente et de menuiserie avaient

été construites par M. Calla; elles étaient à lames verticales multiples et à mouvements alternatifs. Cinq ans après, en 1826, plusieurs systèmes de scierie se produisirent à la suite d'un concours ouvert par la Société d'encouragement, entre autres le système de Cochot appliqué au débitage du bois de charpente et perfectionné par M. Mérault et par M. Eugène Philippe; et le système des scieries verticales alternatives de M. de Manneville. Cochot, dès l'année 1814, avait inventé son système de scieries alternatives horizontales pour débiter les petites billes d'acajou en feuilles minces de placage. Au lieu de 6 à 8 feuilles, il parvint à faire rendre au pouce (0^m,027), de 9 à 20 feuilles, et l'ébénisterie put se procurer dès ce moment, des feuilles bien dressées, d'une épaisseur parfaitement égale, et d'un prix beaucoup moins élevé que par le passé. Quelques années auparavant, M. Touroude, ancien inspecteur des eaux de Paris, avait inventé la scie à ruban sans fin, avec laquelle on fait, mécaniquement, le chantournage et le découpage des ornements de meubles; cette scie améliorée par M. Perrin, en 1842, a été perfectionnée en 1869, par M. René Panhard, et l'on s'en sert pour produire à bon marché, des pièces de formes variées, qui coûtaient fort cher autrefois. Un autre mode de débiter le bois de placage en feuilles minces, au moyen de couteaux effilés, est dû au facteur de pianos Pope, qui en a pris le brevet en 1826. Ce dernier procédé rend d'utiles services à l'ébénisterie et s'applique en outre au découpage des enveloppes de certaines boîtes à chapeaux, à confitures, etc. Les machines à scier et à débiter le bois d'ébénisterie ont été améliorées et complétées depuis trente ans, par d'ingénieuses améliorations. L'ébéniste Frantz, de Metz, a perfectionné la machine de Cochot; M. Charles Picot, de Châlons-sur-Marne, celle de Pope et MM. Cormier, Raspail, Garaud et Saulnier (1), ont employé divers sys-

---

(1) M. P. Saulnier, de Basson, est le premier qui ait installé une scierie portative dans un bateau. Cette invention lui a permis de débiter sur place les peupliers qui bordaient les canaux.

tèmes qui, appliqués soit au sciage des bois de charpentes ou de menuiserie, soit au débitage du bois d'emballage, ont réalisé de nouveaux progrès dans l'art de scier le bois à la mécanique.

MM. les marchands de bois à ouvrer sont soumis, au point de vue des droits d'octroi, aux mêmes règlements administratifs que leurs confrères les marchands de bois à brûler, faculté d'admission temporaire, abonnements, etc.

Le nombre des marchands de bois à ouvrer, suivant renseignements puisés dans le relevé statistique des Professions en 1887, s'élève à 910, avec un loyer industriel d'une valeur locative de 5,000 francs en moyenne. Ces loyers frappés de la taxe de 12 0/0 procureront à la ville de Paris un revenu annuel de 546,000 francs.

$$910 \times 5,000 = 4,550,000 \times 12 \; 0/0 = 546,000 \text{ francs.}$$

Parmi les maisons importantes du commerce des bois à ouvrer, nous distinguons MM. Saulnier, Ouvré, Chambron, Charpentier, Guittard, Lièvre, Rotival, Payen, Lefort, Barbier frères.

CHAPITRE VIII

MATÉRIAUX

Le produit de l'octroi, en 1887, sur les fers, les fontes, les pierres, les moellons et autres matériaux servant aux constructions, s'élevant à 6,087,444 fr. 69 c., suivant le tableau ci-contre, est un denier qui tiendrait noblement sa place dans l'escarcelle de mon protégé, compte Octroi ; et cependant il n'y fera pas acte d'apparition, l'intérêt général s'y opposant. En effet, est-ce que frapper toutes ces matières premières d'un droit d'octroi n'est pas frapper l'outil et le gîte ? Est-ce que, de leur prix, ne dépend pas le salaire de l'ouvrier et la valeur de son loyer ? Sous le coup de ce sentiment profondément social, que tu trouveras, je n'en doute pas, fort respectable, je me contenterai d'appliquer la taxe de remplacement aux entrepreneurs de bâtiments, aux maçons, tailleurs de pierres, tous industriels qui profiteront dans une large mesure du bénéfice de ce dégrèvement d'impôts.

Le nombre des entrepreneurs de bâtiments, suivant le relevé des professions à Paris, en 1887, s'élevait à 828 et celui des maçons, tailleurs de pierres et couvreurs à 1,860.

Appliquant aux chantiers de ces industriels la taxe de 12 0/0 sur la valeur locative industrielle, en moyenne de 2,000 francs, je ferai chaque année verser dans la caisse Octroi une somme de 645,120 francs.

$$828 + 1,860 = 2,688 \times 2,000 = 5,376,000 \times 12\,0/0 = 645,120$$

MATÉRIAUX

Produits de l'Octroi pour l'Exercice 1887

DÉSIGNATION DES OBJETS	UNITÉ SUR LAQUELLE PORTENT LES DROITS	DROITS D'OCTROI	QUANTITÉS SOUMISES AUX DROITS pendant l'exercice 1887	PRODUITS PERÇUS EN PRINCIPAL ET DÉCIME pendant l'exercice 1887
Matériaux :		Fr. c.		Fr. c.
Chaux et ciment.	100 kilos.	1 20	93.769.677 »	1.125.248 38
Plâtre.	Hectolitre.	» 42	3.162.529 17	1.328.272 76
Moellons de toute espèce.	Mètre cube.	1 20	283.012 10	339.614 52
Pierres de taille, dalles, etc.	—	4 20	89.807 08	377.189 74
Marbre et granit.	—	30 »	3.395 97	101.879 10
Fers employés dans les constructions	100 kilos.	3 60	41.180.201 »	1.482.525 72
Fontes employées dans les constructions.	—	2 40	25.788.205 ½	618.977 74
Ardoises . . . { Grande dimension (plus de 0m450)	Millier.	6 »	4.934.449 »	29.607 34
Petite dimension (moins de 0m450)	—	3 60	131.238 »	472 54
Briques pleines	100 kilos.	» 30	110.153.048 »	303.464 27
Briques creuses, tuiles.	—	» 36	16.194.770 »	58.315 90
Carreaux et panneaux de terre cuite	—	» 60	11.051.008 »	66.309 19
Pots creux, mitres, etc.	—	» 60	11.431.435 »	68.593 46
Carreaux de faïence	—	2 70	928.510 »	25.073 72
Argile, terre glaise et sable gras	Mètre cube.	1 60	89.942 95	161.897 31
Briques de dimension ordinaire.	Millier.	»	»	»
Tuiles de dimension ordinaire	—	»	»	»
Carreaux de dimension ordinaire et de faïence.	—	»	»	»
Briques, tuiles et carreaux de toute autre dimension.	100 kilos.	»	»	»
Pots creux, mitres, tuyaux et poterie de toute dimension.	—	»	»	»
TOTAL.				6.087.441 69

CHAPITRE IX

FOURRAGES

Je suis furieux, figure-toi, que mon fils, à qui je communiquais hier mon article sur les peintres, me le dépose sur mon bureau en me disant qu'il ne signifie rien, qu'il n'a aucun rapport avec la question des octrois, que je n'ai voulu faire que de la copie, patati, patata... J'ai eu beau lui répondre que j'étais dans le vif de la question, les peintres en lettres et en décors étant les grands collectionneurs d'huiles, d'essences les plus diverses ; que les chiffres étant par trop arides, je devais agrémenter mon sujet de renseignements instructifs, la sauce faisant avaler le poisson. Rien n'y fit, et un peu plus, j'envoyais tout promener. Mais, me remémorant la fable de notre grand La Fontaine, le Meunier, son Fils et l'Ane, je ne tardais pas à prendre mon parti de n'en faire qu'à ma guise. Et, de ce pas, je cours entreprendre une campagne sur les fourrages introduits dans Paris.

La ville de Paris a encaissé en 1887, par la perception des

droits d'octroi sur les fourrages, une somme de 4,959,279 fr. 17 c., se décomposant comme suit :

Produits de l'Octroi pour l'Exercice 1887

FOURRAGES	UNITÉ sur laquelle portent les droits.	QUANTITÉS soumises au droit pendant l'exercice 1887.	PRODUITS perçus en principal et décimes pendant l'année 1887.
			Fr. c.
Foin.	100 bottes de 5 kil.	20.999.907	1.254.594 42
Paille.	100 bottes de 5 kil.	36.327.264	872.153 37
Avoine	100 kilogrammes .	182.896.482	2.743.529 98
Orge	100 kilogrammes .	4.034.602	89.001 40
		Total.	4.959.279 17

Les droits d'octroi sur les fourrages étant supprimés, comment faire rentrer dans la caisse municipale une somme à peu de chose près équivalente à celle qu'elle encaissait annuellement du produit de cette perception?

La solution de ce problème repose sur les deux éléments suivants : nombre de chevaux dans Paris et consommation journalière du cheval. Ces deux termes connus, frapper le cheval d'une taxe équivalente aux droits d'octroi acquittés par les produits consommés.

Suivant le recensement fait en 1887, le nombre des chevaux, juments, mulets et mules existant dans Paris s'élevait à 75,583.

ARRONDISSEMENTS	NOMBRE de PROPRIÉTAIRES	NOMBRE D'ANIMAUX RECENSÉS				TOTAL
		CHEVAUX	JUMENTS	MULETS	MULES	
1	200	14.614	10.511	»	»	25.125
2	60	76	70	»	»	146
3	226	284	171	»	»	455
4	299	593	319	»	»	912
5	264	472	253	»	»	725
6	256	412	223	»	»	635
7	434	1.032	642	»	»	1.674
8	1.493	4.521	1.830	2	»	6.353
9	171	1.057	471	»	»	1.528
10	197	1.583	519	»	»	2.102
11	1.027	1.821	1.295	»	»	3.116
12	832	2.633	623	2	»	3.258
13	655	2.085	437	»	»	2.522
14	459	1.139	911	»	»	2.050
15	1.019	3.554	2.005	»	»	5.559
16	517	1.387	654	»	»	2.041
17	924	3.039	1.898	»	»	4.920
18	362	3.091	1.881	»	»	4.989
19	641	4.265	1.852	»	»	6.117
20	454	863	491	2	»	1.356
	10,487	48.521	27.056	6	»	75.583

Et les fourrages acquittent les droits d'octroi de :

NUMÉROS DES ARTICLES	DATES des lois, ordonnances, décrets ou arrêtés du Gouvernement approuvant les droits d'octroi	DÉSIGNATION des objets assujettis aux droits	UNITÉ sur laquelle portent les droits	TAXES	SURTAXES ou décimes	DROITS d'octroi surtaxes ou décimes compris	DISPOSITIONS RÉGLEMENTAIRES
				Fr. c.	Fr. c.	Fr. c.	Le droit se perçoit sur le nombre total des bottes, sans aucune déduction ni tolérance. Les fourrages non bottelés paient le droit au poids dans la proportion réglée ci-contre. Lorsque le poids des bottes excédera 5 kilogrammes, ce droit sera perçu dans la proportion de l'excédent. Les foins et fourrages verts sont exempts du droit. L'avoine et l'orge en gerbes acquittent séparément pour la quantité de grain et de paille. Les avoines et les orges moulues acquittent comme en grain. L'orge mondé est exempt du droit.
70	D. 3 novembre 1855.	Foin, sainfoin, luzerne et autres fourrages secs	100 bottes de 5 kilos.	5 »	1 »	6 »	
71	D. 3 novembre 1855.	Paille	100 bottes de 5 kilos.	2 »	» 40	2 40	
72	D. 3 novembre 1855.	Avoine	100 kilos.	1 25	» 25	1 50	
73	D. 3 novembre 1855.	Orge	100 kilos.	1 60	» 32	1 92	

Un cheval, à Paris, consomme en moyenne par jour, 14 litres d'avoine, 7 dizièmes d'une botte de paille, tant pour son alimentation que pour sa litière, 7 dizièmes d'une botte de foin et 5 ou 6 litres de farine d'orge ou de son. Cette consommation frappée des droits d'octroi, rapporte à la Caisse municipale une somme de 0 fr. 1638 se décomposant, savoir :

```
14 litres d'avoine . . . × 0,0075 = 0 fr. 10,50
7/10 botte de paille . . × 0,024  = 0 fr. 01,60
7/10 botte de foin . . . × 0,06   = 0 fr. 04,20
                                     ───────────
                                     0 fr. 16,38
```

Multipliant ce total 0 fr. 16.38 par 365 jours, on aura un produit de 59 fr. 78 c. qui représentera le montant de la taxe de remplacement que tout cheval recensé devra supporter.

Puis enfin, par l'application de la présente taxe de remplacement rétablie au chiffre de 59 fr. 78 c., à chaque cheval, dont le nombre s'élève, pour Paris, à 75,583, on fera affluer, annuellement, dans la caisse de la ville une recette de 4,517,851 fr. 17 c.

$$75,583 \times 59 \text{ fr. } 78 \text{ c.} = 4,517,851 \text{ fr. } 17 \text{ c.}$$

J'ai tenu pour parer aux éventualités à laisser entre le produit octroi 4,959,275 et celui de la taxe de remplacement de 4,517,851, une marge assez sensible qui se chiffre par 441,427 francs.

MARCHANDS DE CHEVAUX

Comme tu le sais, sans aucun doute, les chevaux qui se trouvent dans les écuries des marchands de chevaux, au moment où l'on fait le recensement, ne sont point recensés.

Mais il ne s'ensuit pas qu'ils ne consomment de l'avoine,
de la paille, et du foin, tous aliments qui se trouveront,
d'après le système proposé, indemnes des droits d'octroi.
Aussi ai-je pensé, en présence de tels avantages, pouvoir
réclamer sans injustice, à MM. les marchands de chevaux de
Paris, la taxe de remplacement valeur locative industrielle
de 12 0/0.

Les marchands de chevaux à Paris, d'après le relevé des
professions 1887, sont au nombre de 300 et la valeur locative de leurs établissements est estimée en moyenne à
3,000 francs. Appliquant à chacun d'eux la taxe de remplacement de 12 0/0, on obtiendra une somme de 108,000 fr.
que je ferai figurer à l'actif du compte Octroi de la ville
de Paris.

$$300 \times 3,000 = 900,000 \times 12\ 0/0 = 108,000 \text{ francs.}$$

MARCHANDS GRAINETIERS

Les avoines, les pailles, les foins, en un mot tous les produits du sol qui servent à l'alimentation des chevaux dans
l'intérieur de Paris, sont livrés à la consommation soit
directement par les vendeurs-expéditeurs, soit par l'entre-
mise des marchands de fourrages-grainetiers.

Les avantages que ces industriels retireront de la suppression des octrois, tant sous le rapport des risques encourus,
capital décaissé et perte de temps aux barrières et dans
les gares de chemin de fer, à la réception des marchandises,
étant incontestables, je n'hésite pas un instant à leur appliquer la taxe de remplacement de 12 0/0.

Le nombre de ces marchands, suivant le relevé des professions en 1886, s'élève à 659, avec un loyer d'une valeur
locative industrielle de 3,500 francs en moyenne.

Appliquant à chacun d'eux la taxe demandée, j'obtiendrai pour le compte Octroi une somme de 276,780 francs.

659 >< 3,500 = 2,306,500 >< 12 0/0 ∴ 276,780 francs.

NOURRISSEURS

J'ai rencontré sur mon passage 409 nourrisseurs que je saluais respectueusement, en raison des services éminents que les produits de leurs cotentines rendent à l'enfance et à nos estomacs délabrés. J'aperçois d'ici mes compatriotes manceaux rire dans leur barbe et dire que celui-là tout au moins n'oublie pas son clocher. C'est vrai.

CHAPITRE X

OBJETS DIVERS

Il ne me reste plus, pour avoir disséqué le compte Octroi de la ville de Paris en 1886, qu'à te présenter le produit des droits sur objets divers, qui s'élève suivant le tableau ci-dessous à 3,740,427 fr. 59 c., se décomposant comme suit :

OBJETS DIVERS	UNITÉ sur laquelle portent les droits	DROITS D'OCTROI	QUANTITÉS soumises aux droits D'OCTROI	PRODUIT des droits D'OCTROI
		Fr. c.	Kilog.	Fr. c.
Sel gris ou blanc	100 kil.	6 »	16.613.853	996.831 18
Cire blanche ou jaune, spermacéte raffiné.	d°	42 »	230.610	100.636 20
Acides et bougies stéariques, spermacéte brut, etc.	d°	24 »	4.240.834	1.017.820 08
Suifs et graisses non comestibles. .	d°	12 »	889.301	100.716 12
Suifs bruts ou fondus sortant des abattoirs.	d°	12 »	8.780	1.053 60
Asphalte, bitume, etc.	d°	» 72	17.462.623	125.741 91
Verres à vitre	d°	»	»	»
Verres à bouteilles.	d°	»	»	»
Bouteilles, demi-bouteilles	d°	»	»	»
TOTAL				2.342.808 09
Forts centimes provenant du petit comptant.				12.166 56
Entrepôts et usines (entrepôts fictifs).				»
Droits d'admission à la faculté d'entrepôt				317.000 »
Timbres de bulletin de sortie.				64.808 50
Droits d'abonnements sur les combustibles.				503.644 44
				3.740.427 59

J'aurais passé ce chapitre sous silence, ne voulant pas tirer profit d'un impôt qui pèse si lourdement sur deux produits de première nécessité : le sel et la lumière, si je n'avais tenu à te signaler l'article relatif aux droits d'admission à la faculté d'entrepôt et aux droits d'abonnement sur les combustibles, que j'espère utiliser d'ici peu, et à te dire deux mots du compte « Forts centimes provenant du petit comptant » que j'ai été fort longtemps à pouvoir définir. Ce compte révèle un impôt qui, sous une apparence minuscule, paraît n'être rien, et qui peut néanmoins, dans certains cas, devenir assez corsé.

L'Administration de l'octroi de la Ville ne fait point afficher au-dessus de ses bureaux de perception, comme certaine maison du quai, ici on rend l'argent; elle perçoit parfois plus que ce qui lui revient et elle ne rend rien. Je prendrai pour exemple le droit perçu sur deux lapins de garenne à raison de 18 centimes l'un. Tu déclares tes lapins, tu verses 40 centimes que l'on encaisse, puis on te délivre un bulletin. Comme tu le reconnais, cette retenue de 4 centimes augmente le droit d'octroi de 10 0/0. Telle est l'origine du compte « Forts centimes provenant du petit comptant » que tu vois figurer au présent tableau pour la somme de 12,166 fr. 56 c.

Loin de ma pensée d'accuser d'irrégularité la comptabilité de l'employé chargé de cette perception; il enregistre sur son livre à souche les 36 centimes et il tient compte à l'Administration des 4 centimes formant la différence entre 36 et 40.

Les petits cadeaux entretenant l'amitié, je m'octroie en faveur de mon protégé la somme ci-dessus précitée de 12,166 fr. 56 c.

CHAPITRE XI

PART CONTRIBUTIVE

DE LA VILLE DE PARIS

Mon travail de dégrèvement d'impôts étant terminé, j'ai cru avoir le droit de rechercher dans quelles proportions la ville de Paris avait profité de mes largesses, afin de lui en demander la restitution, dans l'intérêt de nos malades, des enfants assistés et des déshérités de la fortune.

A cet effet, m'inspirant de l'excellent rapport de M. le directeur E. Peyron, j'ai fait un recensement approximatif des sommes payées à l'Octroi par l'Administration générale de l'Assistance publique en 1888.

Ce compte, comme tu le verras par le tableau ci-contre, s'élève à la somme de 1,172,925 fr. 15 c.

Service de la Pharmacie.

		fr. c.	fr. c.
Alcool pur.	35.163 lit. à fr. 239 45 l'hect.	84.215 20	
Eau-de-vie	829 » à 154 30 » .	1.278 95	120.365 60
Rhum.	24.287 » à 143 67 » .	34.871 45	

Service de la Boulangerie.

Sel	35.800 kil. à fr. 6 les 100 kil.	2.148 »	
Houille	973.520		
Briquettes.	309.330	1.424.590 kil.	12.405 »
Charbon.	141.740	à 0 fr. 72 c. les 100 kil. 10.257 »	

Service de la Boucherie.

| Droits d'octroi et | sur la viande livrée. . . . . . | 220.867 75 | 226.818 80 |
| d'abatage . . . . | sur la graisse rendue . . . . . | 5.951 05 | |

Service de la Cave.

		fr. c.	fr. c.
Droits d'octroi. . . { sur les vins.	513.000	»	
{ sur les vinaigres	8.821	»	521.821 »

Blanchissage.

Sel de soude . . .	987.867 kil. à	
Savon de Marseille.	60.703 » à	
Savon noir	65.237 » à	mémoire.

Comestibles.

Poisson frais. . . .	255.929 kil. à fr. 21 les 100 kil.	43.508 »	
» salé	14.000 »		
Volaille et gibier. .	62.644 » à fr. 26 les 100 kil.	16.287 »	
Beurre	102.197 » à 14 40 »	14.716 »	
Fromages secs . . .	50.638 » à 11 40 »	4.772 »	113.111 »
Sel	113.400 » à 6 »	6.804 »	
Huiles blanches . .	45.153 » à 33 »	14.900 »	
Œufs	2.750.8.6 »	4 le mille. .	11.034 »

Chauffage et Éclairage.

Bois neuf	2.375 stér. à fr. 3 le stère. .	7.125 »	
Charbon de bois . .	949 hect. à	0 60 l'hect..	569 40	
Gailleterie.	13.953.430 kil. à	0 72 100 kil.	100.464 70	
Tout-venant. . . .	9.027.130 » à	0 72 »	64.795 »	174.404 15
Coke	118.930 hect. à	0 72 l'hect..	856 30	
Bougie	10.778 paq. à	0 12 le paq.	1.293 35	
Briquettes.	430.610 kil. à	0 72 100 kil.	3.100 40	

TOTAL. 1.172.925 15

Ai-je réclamé à la ville de Paris le quantum des restitutions qu'elle devait me faire? Je ne le pense pas. Car il me paraît équitable qu'elle me tienne également compte du dégrèvement qui profitera aux comestibles, aux combustibles et aux huiles à manger et à brûler qu'elle achète pour les cantines scolaires, les écoles maternelles, les écoles J.-B. Say, Turgot, Colbert, Lavoisier, Arago, Sophie Germain, l'école d'apprentissage Diderot et celle d'apprentissage de jeunes filles, les écoles Germain-Pilon, Bernard Palissy, le collège Rollin et le collège municipal Chaptal, ainsi que

des taxes qui frapperaient les divers matériaux (1) qui entrent
dans les constructions projetées des nouveaux lycées dans
Paris, des hospices de Mme Boucicaut et du baron Alquier,
dans les travaux d'approfondissement du canal Saint-Denis
et du bassin de la Villette, et dans les réparations d'égout, etc.

Je ne veux point, afin de ne pas entrer dans une énu-
mération qui deviendrait trop fastidieuse, énumérer tous
ces dégrèvements; j'en ai fait le compte, et ils forment
un total minimum de 300,000 francs que je ferai figurer au
compte Octroi... ci 300,000 francs.

Vois comme je tiens à me renfermer dans une sage
limite. Il est un autre compte, celui de l'indemnité pour
exemption de frais de casernement et de logements mili-
taires, se chiffrant par 102,758 fr. 64 c. que l'on pourrait
à la rigueur, en conformité du décret du 7 août 1810, loi du
15 mai 1818 et de l'ordonnance du 5 août de la même
année, faire figurer à l'actif de mon protégé. Je m'y refuse,
n'étant pas sûr de l'interprétation que l'on donne à cette
législation, et n'en veux parler que pour mémoire.

Il me tombe sous la main, en compulsant le projet de
budget de l'exercice 1889, un petit tableau que je trouve
fort édifiant, tant au point de vue de la libre circulation
des produits dans la ville de Paris que de la moralité de
l'octroi. Je prends la liberté de te le soumettre, afin que tu
puisses le juger à tes loisirs :

1° Rétribution pour escorte de marchandises en transit .   90.000   »
2° Remboursement par divers des frais de surveillance de
    l'octroi 100.458 45
3° Produit net des amendes et des saisies en matière
    d'octroi . . . .   56.000   »
                                                                     246.458 45

Le coût des amendes réglé à l'avance comme le prix d'un
petit pâté est un comble. Qu'en penses-tu ?

(1) Les moellons et la meulière paient 1 fr. 20 c. par mètre cube et la pierre de
taille 4 fr. 20 c.

CHAPITRE XII

PATENTES

Je faisais, hier soir, l'inventaire de mon compte octroi de la ville de Paris ; la situation n'est pas brillante, je dois te l'avouer. Je constatais un déficit assez important que je désire combler, non par des virements ou des phrases, mais bien par un revenu tangible. Le chapitre des économies ayant été ressassé sous toutes les coutures, je ne pourrai, comme nos représentants, y avoir recours. Aussi est-ce sans crainte ni forfanterie que j'enfourcherai le dada impôt, seul moyen qui me reste pour liquider cette situation embarrassée, du moment que la porte de l'emprunt m'est fermée.

A ce mot impôt, tu ouvres l'œil, tu fronces le sourcil ; sois calme et écoute.

Il m'a semblé, lorsque M. le ministre des finances, M. Rouvier, dans l'exposé des motifs du budget de 1891, demande de gaieté de cœur, sans compensation aucune, aux débitants de la ville de Paris et comme don de joyeux avènement, une somme de 3,000,000 de francs environ, par l'application d'un droit de licence, jusqu'alors inconnu d'eux, que je pouvais, en raison des avantages que la suppression des octrois va leur procurer, faire appel à leurs généreux sentiments et les prier d'agréer favorablement un léger relèvement du droit des patentes, dont dépend la solution du problème que je poursuis depuis bien longtemps déjà.

Je frapperai chacune des catégories d'industriels sujets

aux droits d'octroi d'une nouvelle patente que je dénommerai Patente-Octroi, avec un droit fixe non passible du droit proportionnel, ni de centimes additionnels; le droit fixe d'une patente, le droit proportionnel et les centimes additionnels étant à mes yeux une superposition de trois patentes d'égale somme à peu de chose près.

Tout individu, Français ou étranger, qui exerce en France un commerce, une industrie, une profession non comprise dans les exceptions déterminées par la loi, est assujetti à la contribution des patentes.

La contribution des patentes se compose d'un droit fixe et d'un droit proportionnel.

Le droit fixe est établi pour certaines industries ou professions, d'après sept classes subdivisées par un tarif général, suivant huit degrés de population; pour certaines autres, en égard à la population, mais d'après une échelle particulière du tarif relatif à chaque spécialité de travail; enfin, pour quelques autres, sans égard à la population, mais d'après une échelle de tarif pour la fixation duquel il est tenu compte du nombre des ouvriers, des métiers, des machines, etc., employés par le commerçant ou fabricant.

Le droit proportionnel est établi sur la valeur locative tant de la maison d'habitation que des magasins servant à l'exploitation des industries imposables. Il est, en général, fixé au vingtième de la valeur locative pour toutes les professions imposables, sauf diverses exceptions énumérées dans la loi, et qui élèvent, diminuent ou suppriment ce droit dans certains cas déterminés.

EXEMPLE

M. X.   . rue de   n° ,   *1890.*

exerçant la profession de marchand de vins et eaux-de-vie en gros.

Payera, savoir :

Contribution mobilière :

Cote mobilière sur un loyer de   francs. . . . .

Contribution des patentes :

			Montant des cotes par nature de contributions
DROIT FIXE	1re classe.	400 »	
DROIT PROPORTIONNEL	Au 20e sur une valeur locative de 4,000 francs. . 200 » Au 40e sur une valeur locative de 1,220 francs. . 30 50	230 50	1.243 63
Centimes additionne's.		613 13	
Plus pour frais du présent avertissement.			~ 05
Total.			1.243 68

Dont le dixième est de : 124 fr. 37 c.

Article du rôle :
1325

Nombre de centimes additionnels au principal de la contribution des patentes :
0 fr. 97245

Certifié exact.

La patente devant être proportionnelle aux avantages que le présent dégrèvement procurera, j'établirai six classes de patentes au droit Octroi comme suit :

1re classe, droit fixe octroi.	400
2e — —	250
3^e	225
4^e	200
5e . . . —	100
6e . . . . —	75

et je ferai entrer chaque industriel dans la classe qui lui est propre.

Première classe :

Les marchands de vins en gros vendant par pièces et paniers.
Les marchands d'eaux-de-vie en gros.
Les distillateurs, marchands de vins et eaux-de-vie.
Les brasseurs entrepositaires de bières.
Les brasseurs et préparateurs de malt.
Les parfumeurs en gros.
Les vinaigriers-moutardiers.
Les hôtels et appartements meublés.
Les marchands de bois à brûler et à ouvrer.

Deuxième classe :

Les restaurateurs, restaurants dits Bouillons.

Troisième classe :

Les épiciers en détail.

Quatrième classe :

Les limonadiers, glaciers, débitants de bière, cafetiers.
Les bals, concerts.
Les brasseries.

Cinquième classe :

Les marchands de vins en détail.   Les pharmaciens.
Les bouchers et charcutiers.   Les hôtels garnis.
Les charbonniers.   Les liquoristes.

Sixième classe :

Les fruitiers.

Je te ferai observer que j'ai fait sauter une classe à MM. les distillateurs de Paris; ils figureront dans la première classe, à côté de leurs collègues les négociants en vins et en eaux-de-vie des entrepôts de Bercy et du quai Saint-Bernard, en raison de la transformation commerciale qui s'est opérée dans leur genre d'industrie.

Je suis également à me demander quelles sont les raisons que l'on peut invoquer pour porter au vingtième le droit proportionnel qui atteint MM. les négociants en eaux-de-vie, tandis qu'il ne l'est qu'au quarantième pour leurs collègues les négociants en vins. Tout le monde sait que la surface occupée, aujourd'hui, par une pipe d'eau-de-vie réduite à 45 degrés, présente une valeur moindre que celle d'une pipe d'égale contenance renfermant du vin de montagne. Le trois-six à 90 degrés coûtant 36 francs l'hecto-litre, met le prix de l'eau-de-vie réduite à 45 degrés, à 19 francs l'hectolitre, et le plus petit vin de montagne, même celui de raisins secs de l'importante Société du Levant, dirigée par le sympathique M. Dusseigneur, se paie 25 francs.

Les épiciers en détail me sauront peut-être mauvais gré de les avoir rangés dans la troisième classe, au droit fixe Octroi de 225 francs; ils auraient tort. En effet, j'ai dit, en 1881 et je le répète aujourd'hui, que ces industriels avaient droit à mes sympathies pour leurs labeurs incessants et leur principe d'ordre et d'économie. Mais je prétends également que ces sentiments n'excluent pas ceux de l'équité, et il m'a paru rationnel, du moment qu'ils profitaient si grassement du dégrèvement des droits d'octroi et d'entrée, qu'ils devaient être tenus de supporter un relèvement de taxe en rapport avec les bénéfices alloués.

PRODUIT DES PATENTES

Multipliant le nombre des industriels compris dans chacune de ces classes par le prix de la patente Octroi, et tota-
lisant les produits, tu obtiendras une somme de 11,477,000 fr.
que tu porteras à l'actif de la Ville.

1	Négociants en vins et eaux-de-vie.	810 × 400	324.000
2	Brasseurs.	17 × 400	6.800
3	Entrepositaires de bières	38 × 400	15.200
4	Distillateurs.	180 × 400	72.000
5	Vinaigriers-moutardiers	53 × 400	21.200
6	Parfumeurs.	255 × 400	102.000
7	Hôtels meublés, tables d'hôte	6.000 × 400	2.400.000
8	Marchands de bois à brûler et à ouvrer	1.482 × 400	592.800
9	Restaurateurs, restaurants dits Bouillons.	6.000 × 250	1.500.000
10	Épiciers en détail.	6.723 × 225	1.512.675
11	Limonadiers, glaciers, cafetiers, débitants de bière	2.361 × 200	472.000
12	Brasseries.	500 × 200	100.000
13	Bals, concerts.	90 × 200	18.000
14	Marchands de vins en détail.	19.653 × 100	1.965.300
15	Pharmaciens	1.681 × 100	168.100
16	Bouchers et charcutiers.	5.859 × 100	585.900
17	Charbonniers	2 500 × 100	250.000
18	Hôtels garnis	3.228 × 100	322.800
19	Liquoristes	454 × 100	45.400
20	Marchands de beurre, œufs, fromages, poisson, volaille, fruits et liqueurs	9.375 × 75	703.125
		Total. . . . . Fr.	11.477.000

J'avais cru, dans mon ardeur de la recherche de la
matière imposable, avoir frappé à toutes les portes, j'étais
dans l'erreur; beaucoup d'entre elles avaient été oubliées.
Me reprochant cette omission, je dirai plus, cette négli-
gence, je me suis mis de nouveau en campagne et je te

soumets le résultat de mon expédition ; tu reconnaîtras, j'ose le croire, que mon temps n'a pas été trop mal employé.

Il existe à Paris tout un monde d'établissements industriels, scolaires, financiers, dont la taxe de 12 0/0 pourrait être portée à 15 et même 20 0/0 en raison des avantages qu'ils retireraient de cette transformation des impôts. Je veux parler des magasins de nouveautés, des lycées, des collèges, des pensions, des écoles du gouvernement, des séminaires, des communautés ecclésiastiques et religieuses, qui nourrissent, ceux-ci leurs commis et employés, ceux-là leurs élèves, les autres leurs pensionnaires et qui bénéficieront de la totalité intégrale de la suppression des droits sur les boissons, les comestibles et les combustibles.

Ouvrons, en ce moment, si tu le veux bien, une parenthèse qui te permettra, j'ose l'espérer, de suivre plus facilement le développement de la thèse que je soutiens.

Je dois te faire remarquer qu'il ne s'agit ici, exclusivement, que des droits d'octroi.

En outre de ces droits, en effet, il est perçu sur toutes les boissons, au profit du Trésor et indépendamment des taxes locales, des droits spéciaux dits « Droits d'entrée ».

La quotité de ces droits varie suivant la classe des départements et suivant la population du lieu. Pour les vins, elle est de 0 fr. 57 c. à 4 fr. 50 c. par hectolitre, Paris excepté, pour les communes représentant un nombre d'habitants de 4,000 à 50,000 et au-dessus. Pour les spiritueux ces droits s'élèvent de 7 fr. 50 c. à 30 francs.

Les villes de Paris et de Lyon sont placées, au point de vue de ces droits, sous un régime particulier.

Le droit d'entrée y est remplacé par une taxe dite « de remplacement » qui tient lieu : pour les vins, du droit de circulation, du droit d'entrée et du droit de détail et qui, à Paris, s'élève à 8 fr. 25 c. par hectolitre ; pour les spiritueux, du droit de consommation et du droit d'entrée et qui s'élève à 186 fr. 25 c. par hectolitre d'alcool pur pesant

100°, contenu dans les eaux-de-vie, esprits, absinthes, liqueurs et fruits à l'eau-de-vie.

Sans aucun doute, le projet de substitution de l'impôt direct à l'impôt de l'octroi, que je te soumets, — de même, au surplus, que tous les projets de suppression des octrois, présentés jusqu'à ce jour, y compris celui de M. Yves Guyot, adopté en première lecture par la précédente Chambre, — rencontrera une opposition tacite, de la part de l'État, les taxes perçues au profit du Trésor étant encaissées par les employés de l'octroi, simultanément avec les taxes locales perçues au profit des villes.

On conçoit, en effet, que du moment où les communes n'auraient plus à rémunérer des employés spéciaux, pour la perception des droits dont elles sont autorisées à grever certains objets de consommation, l'État devrait pourvoir à ses frais, au recouvrement des taxes dont il a seul le bénéfice.

Mais il faut bien que tu envisages que si la question de la suppression des octrois est mûre au point qu'il ne saurait s'écouler longtemps avant qu'elle soit résolue dans le sens des vœux de l'opinion publique qui a définitivement condamné ces barrières de douanes intérieures, la question de la réforme de l'impôt des boissons est également arrivée à maturité et le régime démocratique sous lequel nous vivons ne saurait tolérer davantage une législation qui est la dénégation même de l'équité, de la liberté et du droit de citoyens sans cesse assujettis aux plus odieux abus de l'exercice.

C'est d'ailleurs pour cela qu'on les a dénommés « les assujettis », qualificatif qui en dit assez par lui-même pour que je n'aie pas besoin de m'étendre davantage à l'égard des conditions humiliantes qu'il implique.

Depuis trois quarts de siècle déjà, ces assujettis luttent pour reconquérir leur indépendance et leurs droits de citoyens.

Les esprits les plus éminents, M. Thiers, M. Grévy, Gambetta, ont tour à tour condamné, flétri le régime spécial qui enserre le commerce des boissons, dans les mailles de ses réseaux.

Voici comment M. Grévy s'exprimait, en 1849, à l'égard de l'impôt des boissons : « Nul impôt n'est détesté à l'égal de » l'impôt des boissons ; quelque lourds que soient les autres, » celui-là est le seul contre lequel la voix du peuple s'élève » dans les jours de révolution. Il est odieux et intolérable » dans son mode de perception, il est désastreux dans ses » conséquences, en élevant dans une proportion souvent » énorme le prix des liquides et en apportant à leur circu- » lation mille difficultés. Il justifie, en un mot, toutes les » plaintes, toutes les haines amassées contre lui. »

En fait, cette législation a toujours été l'objet de la réprobation générale et il se dresse, aujourd'hui même, contre elle, une levée de boucliers, qui l'entraînera dans la tourmente. Déjà plusieurs tentatives ont été dirigées dans ce sens.

Tu n'as pas oublié, par exemple, la longue discussion à laquelle elle a donné lieu, en 1888. Si à ce moment, l'heure de la délivrance n'a pas sonné pour le commerce et l'industrie des boissons, c'est surtout parce que les projets de revision proposés n'offraient pas toutes les garanties désirables. Mais on y reviendra, sois-en bien convaincu et il faudra, de toute force que la question se vide en faveur des principes qui constituent la raison d'être d'un régime démocratique, basée sur la Liberté, l'Égalité et la Fraternité.

Déjà M. Rouvier lui-même, dans son projet de budget de 1891, se voit forcé de compter avec l'élan d'affranchissement auquel les assujettis soupirent depuis soixante-quinze ans. Mais les satisfactions auxquelles il entend se borner sont insuffisantes et la question reviendra, jusqu'à solution complète et définitive.

Cette solution, on ne la trouvera que dans une conception analogue à celle que je viens de te développer pour la suppression de l'octroi, c'est-à-dire, dans la substitution de l'impôt direct à l'impôt indirect, de telle manière que toutes les recettes du Trésor soient complètement assurées.

Comme tu le sais, je me suis livré, à cet égard, en 1875, à un travail auquel des esprits pratiques, aussi compétents qu'éclairés, ont bien voulu donner leur approbation.

Ce travail, que j'ai publié sous le titre de : *De la réforme de l'impôt sur les boissons, Remplacement de l'impôt indirect par l'impôt direct*, tu le connais, je te l'ai adressé; relis-le. Tu pourras y voir que rien ne sera plus facile, le jour où on y sera résolument décidé, que de démolir à tout jamais l'arsenal fiscal érigé en 1816 et contre lequel toutes les indignations s'élèvent aujourd'hui.

Après cette lecture, tu ne te préoccuperas plus, j'en suis convaincu, des moyens que l'État jugera à propos d'adopter pour assurer la perception des droits d'entrée dans les villes, car la législation que je propose supprimera ces droits.

Ceci exposé, à quelle somme, me demanderas-tu, peuvent s'élever les droits d'octroi et d'entrée payés sur les boissons consommées par ces divers établissements dont je te parlais plus haut, et comment s'y prendre pour la récupérer par une taxe évaluée à 12 0/0? A cette question très délicate, je ne peux que te soumettre le résultat de mes recherches, fort incomplètes, j'en conviens, laissant à chacun le soin de le méditer, de le corriger et de l'additionner.

Dans les magasins de nouveautés du Louvre, du Printemps, du Bon Marché, du Pauvre Jacques, du Tapis Rouge, de la Ville de Paris, de Pygmalion, de la Belle Jardinière, du Petit Saint Thomas, de la Paix, de la Belle Fermière, du Gagne Petit, de la maison Chevreux-Aubertot, de la Place Clichy, du Paradis des Dames, des Fabriques de France, etc., les commis et employés sont nourris, soit directement, soit indirectement, c'est-à-dire que, dans plusieurs de ces établissements, les patrons se chargent de l'achat de tous les produits alimentaires et les donnent à la consommation intérieure par un personnel *ad hoc*, composé d'un chef de cuisine, garçon de salle, etc., et que dans d'autres, au contraire, ce soin est confié à des mains tierces, d'après conventions, tarifs et prix déterminés.

Si la consommation des liquides faite dans chacun de ces établissements était égale, toute proportion gardée, à celle des magasins du Bon Marché, je te présenterais un beau chiffre, étant donné que cet établissement fait entrer annuellement pour son personnel de commis et d'employés de tous genres (1), environ 17 à 1,800 pièces de vin ordinaire de 225 litres l'une, ce qui représente une consommation moyenne de 10 hectolitres de vin par jour. Or, multipliant ce nombre d'hectolitres par celui des jours d'une année et le produit par 19, prix d'octroi et d'entrée, on atteint pour ce seul établissement un chiffre de 69 à 70,000 francs pour droits décaissés sur les vins, sans faire entrer en ligne de compte les alcools, les cognacs, rhums, liqueurs et les vins fins, car tout me donne lieu de supposer que le jour d'un inventaire le Saint-Émilion et le champagne doivent être de la fête. Comme la consommation des liquides est en raison directe du personnel employé, celui du magasin du Bon Marché étant connu, on arriverait, en le comparant à ceux des autres magasins, à établir très approximativement celle des autres établissements de ce genre.

Si ce mode de procéder offrait des difficultés par trop sérieuses, l'on pourrait, en dernier ressort, avoir recours au mode d'estimation de la valeur locative des magasins, appliquer la taxe demandée de 12 0/0 et, de plus, pour répondre à l'opinion publique, leur appliquer la patente proportionnelle.

Quoique je n'eusse à ma disposition aucune base sérieuse pour établir mon calcul, j'ai cru néanmoins pouvoir évaluer à la somme de 4,000,000 de francs les loyers de ces divers établissements et la frappant de la taxe de remplacement

---

(1) 1,800 à 2,000 employés.

de 12 0/0, faire figurer à l'actif du compte Octroi un petit appoint de 480,000 francs.

Ayant, en outre, recherché à quelle somme pouvaient s'élever les droits d'entrée et d'octroi perçus sur les vins consommés par les élèves des lycées, collèges et écoles de la ville de Paris, j'ai trouvé un chiffre de 91,575 francs qui ne doit pas s'éloigner sensiblement de la vérité. Suivant mes renseignements, les lycées Louis-le-Grand, Henri IV, Saint-Louis, les collèges Stanislas, Rollin, de Vaugirard et les écoles Sainte-Barbe, Fénelon, Massillon, Bossuet, l'école normale supérieure, l'école municipale J.-B. Say, l'école polytechnique, l'école des Ponts et Chaussées, renferment 5,000 élèves au minimum; en admettant que chaque élève consomme un tiers de litre de vin par jour, soit 33 centilitres, la consommation quotidienne s'élèvera à 1,666 litres qui, multipliés par 20 centimes, égalent 333 fr. 20 c. Or, multipliant ce produit par 275 jours, et non par 365, en raison des jours fériés et des vacances, tu obtiendras le nombre ci-dessus : 91,575 francs, qui viendra grossir d'autant la caisse municipale.

Pensant également que la consommation du vin ne devrait point être à tout jamais bannie de nos séminaires et de nos communautés religieuses et ecclésiastiques, je m'étais mis lestement en campagne; mais, privé de tous renseignements sérieux, il m'a fallu battre en retraite, et je me contente de dresser la liste suivante et de te la soumettre, estimant qu'elle pourrait au besoin attirer l'attention des regards intéressés.

Séminaire de Saint-Sulpice, 9, place Saint-Sulpice;

Petit séminaire de Saint-Nicolas-du-Chardonnet, 30, rue de Pontoise;

École ecclésiastique de Notre-Dame-des-Champs, 24, rue Notre-Dame-des-Champs;

37 communautés religieuses;

17 communautés ecclésiastiques.

Ces communautés sont-elles toujours existantes? je

l'ignore, mais, avec un peu de bonne volonté, il sera facile
de le savoir. Ne pas craindre, à cet effet, de frapper à la
porte de M. l'ex-président de la Chambre des députés,
l'infatigable M. Brisson : elle ne te sera jamais fermée.

Je ne suis pas, mon cher ami, très enchanté de cette dernière excursion; elle ne donne pas de vie, de santé à mon
petit protégé et déjà je le vois dépérir, mais patience! tout
vient à point à qui sait attendre.

Vois combien les caprices du hasard sont bizarres; ils
vont me permettre d'offrir à mon poupon une somme de
592,800 francs que je voulais, dans ma sollicitude pour les
employés de l'Octroi, déposer dans leur tirelire, afin de leur
assurer, sous forme de tontine, une retraite fort honorable.
Je sais que tu doutes de la délicatesse de mes sentiments à
l'égard de MM. les employés de l'Octroi. Tu me l'as avoué il y a
quelques jours. Pourquoi cela? C'est mal; je ne puis que te
réitérer ma réponse et te dire que tu as grand tort, car je n'ai
cessé de professer le plus profond respect pour ces hommes
que je désire, dans l'intérêt général, voir relever de leurs
fonctions : et je déclare, au contraire, qu'ils sont dignes
de reconnaissance, pour les services rendus aux intérêts de
l'État et de la Ville. Il est vrai d'ajouter, et c'est à cela
sans doute que tu fais allusion, que j'ai rompu avec certains
d'entre eux, quelques lances plus ou moins vives, plus ou
moins courtoises, et qu'il en est dans le nombre plusieurs
qui me gardent rancune de la franchise que j'ai montrée à
leur égard; je n'y peux rien, mais j'affirme que, si l'on
rencontrait de temps en temps des hommes ayant l'énergie
de battre en brèche tous ces abus administratifs que la loi
condamne, que la conscience et le bon sens repoussent, le
fonctionnarisme n'en serait que meilleur et il ne ferait pas
prendre en grippe un régime en faveur duquel nous avons
combattu, toi et moi, depuis plus de quarante ans.

Ceci dit, revenons aux caprices du hasard. Je recevais,
il y a quelques jours, à Bercy, la visite de deux de nos
principaux marchands de bois à brûler, de charbons de

bois et d'anthracites de la place de Paris, auxquels je sou-
mettais le projet de remplacement des octrois que j'étais en
train de coordonner. Je leur expliquais le mécanisme de
ce système, ils l'approuvèrent en tous points. Je ne voulus
point laisser refroidir un si noble élan et séance tenante, me
conformant à leurs désirs, je les englobais ainsi que leurs
collègues les marchands de bois de construction et autres
matériaux nécessaires au bâtiment, dont ils se portaient
caution, dans la catégorie des patentés de 1re classe au
droit fixe Octroi de 400 francs.

Frappant cette collectivité industrielle, 910 marchands
de bois à ouvrer et 572 marchands de bois à brûler, de
la patente Octroi, j'obtiens la somme ci-dessus précitée de
592,800 francs.

$$910 + 572 = 1,482 \times 400 = 592,800$$

CHAPITRE XIII

ÉQUILIBRE DU BUDGET

Octroi de la Ville de Paris. 135.668.517 86
A défalquer :
Frais de perception. 7.823.566 24
127.844.951 62

AVOIR :

Taxe de remplacement, locaux, habi-
tations . . . . 54.074.142 ⎫ 60.874.719
6.800.577 ⎭

Contingent de la contribution personnelle
mobilière. . . . . 4.770.092 ⎫ 5.263.381
493.288 ⎭

Taxe de 12 0/0. Locaux industriels, boissons 22.689.352

Taxe de 12 0/0.
Locaux industriels, huiles . . . . 291.600 ⎫
Taxe de 12 0/0.
Locaux industriels, couleurs et vernis. . 189.000 ⎪
Taxe de 12 0/0.
Locaux industriels, peintres . . . . . . 630.880 ⎬ 1.762.080
Taux de 12 0/0.
Locaux industriels, vinaigriers . . . . . 25.460 ⎪
Taux de 12 0/0.
Locaux industriels, pharmaciens . . . . 605.160 ⎭

Marchés de la Villette. Droit de place . . 2.200.000 ⎫
Abattoirs. Introduction des bestiaux . . . 1.200.000 ⎬ 7.369.466
Abattoirs. Droit spécifique d'abatage . . . 3.969.466 ⎭

Taxe de 12 0/0. Bouchers-charcutiers. 1.577.700
Halles. Ventes à la criée, viandes de boucherie. . . . 500.000
Halles. Volailles et gibiers. 3.574.629

A reporter. 103.608.327

Report.		103.608.327
Halles. Poissons. . . . . :	685.261	
Halles. Beurres.	550.000	1.360.261
Halles. Huîtres.	125.000	
Taxe de 12 0/0. Marchands de beurre, poisson, volaille.		1.680.000
Taxe de 12 0/0 sur droits d'abris des pa-		
villons des Halles.	53.465	115.685
Taxe de 12 0/0. Marchés couverts	62.220	
Taxe de 12 0/0 sur marchands de combustibles. . . .		549.120
Taxe de 12 0/0 sur marchands de bois à ouvrer. . . .		546.000
Taxe de 12 0/0 sur marchands de matériaux.		645.120
Fourrages.		4.517.851
Taxe de 12 0/0 sur marchands de chevaux.		108.000
Taxe de 12 0/0 sur marchands grainetiers		276.780
Objets divers		12.466
Part contributive de la ville de Paris.		1.472.925
Patentes		11.177.000
Grands magasins et lycées.		571.575
Intérêts de la Ville		2.000.000
	Total. .	128.640.810

J'ai dû me demander, mon cher ami, avant d'établir la
situation de mon budget, si en dehors des comptes abonnements sur les combustibles et droits d'admission à la
faculté d'entrepôt, s'élevant à 700,000 francs environ, je
n'avais pas sauté par-dessus des plis de terrain derrière
lesquels se trouveraient cachés quelques paquets de billets
de mille francs de la Banque de France, qui donneraient
une autorité au système que je viens de t'exposer. Hélas ! je
dois t'avouer que, fatigué de ce travail, je passais sous
silence 30,000 industriels qui auraient bien droit à mes
faveurs, en raison de leur contact plus ou moins direct avec
l'octroi de la ville de Paris : entre autres 1,860 menuisiers-
charpentiers ; 1,214 négociants en métaux et entrepreneurs
de serrurerie ; 2,239 ébénistes, fabricants de meubles ; les
emballeurs, etc. Mais je m'en tiens là et je laisse à d'autres
le soin de les rechercher.

Le budget de la ville de Paris étant équilibré, il me reste

à te démontrer que les diverses industries du commerce
des boissons n'auront point à se plaindre de la position que
leur aura faite l'économie du système de la taxe de remplacement, que je préconise malgré l'appel adressé à la
contribution des patentes.

J'aurai bien garde de m'arrêter un seul instant aux critiques peu réfléchies que pourra provoquer le sort que j'ai
réservé à MM. les négociants en vins et spiritueux des entrepôts de Bercy et du quai Saint-Bernard, ainsi qu'à
MM. les distillateurs et aux fabricants et entrepositaires de
bières. Car je sens que l'on m'accuse d'avoir voulu les favo-
riser en ne demandant pour eux que la taxe de 12 0/0, comme
si l'on pouvait oublier qu'une taxe plus élevée se fût indu-
bitablement retournée contre le but proposé, et qu'agir autrement que je ne l'ai fait, c'eût été procéder à un vrai
dégrèvement à rebours. Par contre je m'appesantirai davantage sur le sort réservé à MM. les limonadiers, restaurateurs, rôtisseurs-restaurateurs et marchands de
vins en détail et à la bouteille, sans pour cela passer entièrement sous silence les autres industries ayant trait au
commerce des boissons, et dont la nomenclature t'a été
donnée.

Limonadiers, débitants de bière, cafetiers. — Il ne saurait,
je suppose, entrer dans l'esprit de personne de croire que
je sois tenu, pour la démonstration de ma thèse, de prendre
tous les établissements de limonadiers, les uns après les
autres, à commencer par le café de M. le président de
l'Union mutuelle et syndicale des restaurateurs et limonadiers du département de la Seine, l'infatigable M. Marguery,
et de finir par le café du boulevard Beaumarchais, rendez-
vous des marchands de métaux de la rue de Lappe et du
faubourg Saint-Antoine; non, je ne le pense pas. Néanmoins, j'opérerai sur l'un d'eux, ayant un loyer de 12,000 fr.
et j'établirai que le système proposé ne le frappera, tout
en lui laissant espérer une large part de bénéfice, que d'une

somme à peu de chose près équivalente à l'intérêt du capital décaissé pour les droits d'entrée et d'octroi sur les
boissons destinées à l'exploitation de l'établissement et à
la somme des droits acquittés sur les liquides consommés
par le personnel employé, sans parler des comestibles et du
combustible.

Je ne te nommerai pas le chef de cet établissement, tu
ne le connais pas, mais tous ses confrères l'estiment pour
l'aménité de son caractère, et l'admirent pour le fini de son
style. Le loyer de cet établissement étant de 12,000 francs,
le patron sera imposé de 1,640 francs, se décomposant
comme suit :

1° Taxe de remplacement à 12 0/0 sur
12,000 francs. . . . . Fr.   1.440   »

2° Patente-octroi de quatrième classe..   200   »

                                  Fr.   1.640   »

et le dégrèvement annuel s'élèvera, tant par la suppression
totale que partielle des droits d'entrée et d'octroi sur toutes
les boissons introduites dans ledit établissement, à la somme
de 10,398 fr. 60 c., savoir: (1)

					Fr.	c.
Bières.	365	hectolitres	à	15 =	5.475	»
Vermout	16	»	à	35 =	560	»
Absinthe Pernod	8	» (72)	à	190 =	1.520	»
Cognac, Fine champagne, Rhum, Kirsch	15	» (47)	à	125 =	1.875	»
Madère	5 50	»	à	35 =	192	50
Vins (ordinaire et bon ordinaire) .	32 pièces		à	45 =	1.440	»
Vins (dans les prix de 4, 5 et 800)	6	»	à	45 =	270	»
Vinaigre d'Orléans.	3	hectolitres	à	23 =	69	»
Chartreuse, liqueurs, sirops					250	»
					11.651	50

<hr>

(1) Les trois-six d'industrie indigène et leurs dérivés, suivant le régime d'impôt direct, que je préconisais en 1875, seront seuls frappés d'un droit de 90 francs
par hectolitre d'alcool pur à 100 degrés à leur sortie de l'usine; et les trois-six,
ainsi que les rhums, eaux-de-vie et les liqueurs à base alcoolique provenant
de l'étranger acquitteront ce droit à leur introduction en France.

A qui profitera ce dégrèvement de 11,651 fr. 50 c. ? Évidemment aux parties intéressées : le consommateur et le chef de l'établissement. Mais dans quelle proportion ? Je ne saurais la fixer, je laisse aux hommes de la partie le soin de la déterminer.

Il me reste à te démontrer que la taxe de 1,460 francs sera, comme je l'ai dit plus haut, à peu près couverte par l'intérêt du capital octroi et par le montant des droits acquittés sur les liquides consommés par le personnel employé.

Le personnel de cet établissement se compose de 14 employés : cuisinier, fournier, sommelier, garçons de salle, omnibus, laveur de vaisselle, et de deux dames de comptoir, soit en tout 16 personnes.

La consommation du personnel employé, étant fixée à la valeur d'un litre par personne, tant en vin qu'en bière, je multiplie le droit d'octroi et d'entrée, 20 centimes, par le nombre 16 et j'obtiens une somme de 3 fr. 20 c. représentant la perte quotidienne, soit celle de 1,168 francs pour 365 jours.

Si le capital octroi de 11,651 fr. 50 c. était immobilisé pendant un an, il produirait, à 6 0/0, une somme de 699 fr. 05 c., mais étant versé par fraction à des époques indéterminées je ne lui fais subir qu'un intérêt de 2 0/0, soit 233 fr. 05 c. Par contre, je demanderai au capital 2,000, qui représente les droits d'octroi et d'entrée sur marchandises, vins et eaux-de-vie, de qualité supérieure, constituant le stock permanent de la cave, évaluée à 11,000 francs, un intérêt de 6 0/0, soit 120 francs.

Le total des sommes, intérêt capital 6 et 2 0/0, et consommation du personnel employé, s'élèvera donc au chiffre de 1,521 fr. 05 c., d'où il résulterait une différence de 118 fr. 95 c. au préjudice de la taxe de remplacement de 1,640 francs. Mais cette légère différence sera comblée et bien au delà si, dégrevant les produits alimentaires et les combustibles, l'on fait entrer en ligne de compte la taxe de remplacement. En tout cas, le dégrèvement de 11,654 fr. 50 est un fait acquis et j'ose espérer que tout le monde en aura une part plus ou moins forte.

Les brasseries, et cafés. — Saluons et passons.

Messieurs les restaurateurs. — Les restaurateurs de Paris sont des artères puissantes pour l'écoulement des produits vinicoles et de la bière ; ils peuvent se diviser en trois classes bien distinctes : les restaurants, les marchands de vins traiteurs et les rôtisseries.

Il me semble qu'il ne me faudra pas entrer dans de nombreux développements pour te faire sentir tous les bienfaits que nos grandes maisons de Paris, telles que celles de MM. Marguery, Noël, Bignon, Gauthier (*du père Lathuile*) et Quainon (*des Quatre Sergents de la Rochelle*), etc., retireraient de la taxe de remplacement, lorsque je t'aurai dit que le personnel de chacune d'elles, tant en chefs de cuisine, aides-cuisiniers, garçons de salle, laveurs de vaisselle, omnibus et dames de comptoir, varie entre 15, 25, 30, 40 et 50 personnes, qu'elles ont des caves bien montées en vins fins, d'une valeur de 80, 100 et 150,000 francs, sans y comprendre les fines champagnes, les cognacs et rhums. Quel que soit le loyer de ces honorables maisons, la taxe de remplacement de 12 0/0 et la patente-octroi ne sauront être saluées que comme un don de joyeux avènement. Je ne m'en plaindrai pas, car ces hommes laborieux et intelligents, en tenant haut la réputation de nos vins de grands crus et en dépensant leur activité à satisfaire les jouissances terrestres, contribuent puissamment à la prospérité de notre gloire vinicole, à celle de la grande cité et de la France entière.

Je descendrai d'un échelon et sans m'arrêter aux restaurants de deuxième ordre, non pas que je les dédaigne, car ils ont droit, comme leurs confrères, à mon respect et à mes hommages, mais bien pour ne pas te fatiguer en entrant dans les détails que l'on pourrait considérer comme superfins, je planterai, dis-je, ma plume chez **MM.** les marchands de vins traiteurs.

Les marchands de vins traiteurs se distinguent de leurs collègues les restaurateurs, par l'addition du comptoir sur lequel le petit verre de l'amitié prend ses ébats à la satisfaction des parties intéressées. La somme de travail ou de services rendus à la classe ouvrière et laborieuse par cette branche d'industriels est très importante, tu en jugeras par les lignes suivantes. Il n'est pas rare de rencontrer des établissements de marchands de vins traiteurs ayant un loyer de 2,000 à 2,500 francs, faisant des recettes journalières de 210 à 230 francs, dans lesquelles les déjeuners de 85 à 95 centimes, vin compris, moutarde, poivre et sel à volonté, entrent pour les deux tiers, et le surplus sera le produit de la vente sur le comptoir et quelques déjeuners à un prix plus élevé. Quel est le bénéfice que ces établissements peuvent faire? Hélas! il n'est point aujourd'hui, le prix du vin étant par trop élevé, en rapport avec le mal imposé, et si jamais avènement était fêté, ce serait bien celui du dégrèvement proposé. En effet, examinons brièvement la position qui serait faite à ces hommes, à ces ménages laborieux qui ont trouvé le moyen de résoudre le problème de la vie à bon marché.

Un marchand de vins traiteur ayant un loyer de 2,500 fr. sera imposé :

```
Taxe 12 0/0 sur 2,500 francs . . . . . . . . . . . . . . Fr.   300
Patente-octroi. . . . . . . . . . . . . . . . . . . . . . . . .   200
                                                          Fr.   500
```

Le dégrèvement s'élèvera à 7,275. Cet établissement achète par mois 10 pièces de vin, soit 120 par an, soit 120 × 45 = 5,400, ci. 5.400
Eaux-de-vie, marc, rhum, cognac, kirsch, absinthe,
à degrés divers, formant 6 hectol., alcool pur. 6 × 266 = 1.596
Vermouth, madère, pour 6 hectolitres . . . . . . 6 × 35 = 210
Vinaigre d'Orléans, pour 3 hectolitres. . . . . . . 3 × 23 = 69
                                       Reste 7.275

Le personnel de cet établissement se compose, sans parler

de la famille, du chef de l'établissement, d'une cuisinière et de deux garçons de salle, consommant par jour 2 litres de vin, soit 6 × 20 c. = 1 fr. 20 c. × 365 jours = 438 francs. J'estimerai l'intérêt du capital à 145 fr. 50 c., soit 7,275 fr. à 2 0/0. Additionnant ces deux sommes, 438 et 145 fr. 50, j'arrive à un total de 583 fr. 50 c. qui couvre, et bien au delà, la taxe de remplacement de 500 francs. Je glisserai sur le bénéfice de la consommation du chef de l'établissement et de la famille ainsi que sur celui provenant de la taxe de remplacement sur les comestibles, bois et charbon.

Crois-tu maintenant que le marchand de vins traiteur aura à se plaindre du mode de remplacement que je propose ? Je ne le pense pas.

Je ne dis pas qu'il encaissera à lui seul le bénéfice provenant de ce dégrèvement, non, le gâteau serait par trop beau ; il le fera goûter à la clientèle, tout en s'en réservant un petit morceau, et ce sera justice pour le travail dépensé.

Restaurateurs. — Rôtisseries. — J'ai dit que cette industrie était peu nombreuse, et qu'elle brillait par sa prospérité commerciale ; c'est la vérité, je le maintiens.

Je prendrai, pour exemple démonstratif des avantages que la taxe de 12 0/0 procurerait à cette industrie, la maison du regretté M. X... située dans un des faubourgs les plus populeux de la rive droite, et je suis convaincu, si l'idée que j'émets faisait son chemin, qu'il donnerait ordre de là haut où il demeure en paix, de m'adresser, en reconnaissance des services rendus, un membre de la plus belle oie que son tourne-broche ait jamais présentée aux flammes pétillantes de l'âtre, toujours en feu.

Le loyer de ce restaurant-rôtisserie étant de 18,000 francs, le chef de l'établissement sera imposé comme suit:

1° Taxe de 12 0/0 . . . . Fr. 2.160
2° Patente-octroi 2ᵉ classe 250
                                       2.410

Quant au dégrèvement annuel provenant de la suppression des droits d'octroi et d'entrée sur les boissons seulement servant à l'alimentation de ce restaurant-rôtisserie, il s'élèvera à la somme de 38,478 francs.

Bières.	100 hectol. à	15 fr.	1.500
Vermouth.	15 » à	35 »	525
Fine champagne, co-			
gnac, rhum, kirsch.	25 » à	125 »	3.125
Madère	20 » à	35 »	700
Vin ordinaire	600 pièces à	44 »	26.400
Vin qualité supérieure			
de 225 à 300 et 500			
francs.	100 » à	44 »	4 400
Vinaigre d'Orléans . .	36 hectol. à	23 »	828
Chartreuse, liqueurs,			
sirops.			1.000
			38.478

Ce dégrèvement que je suis loin de considérer comme un bénéfice acquis au chef de cet établissement (car le voudrais-je, que ce noble cœur s'y refuserait et puis, s'il le voulait, dame Concurrence ferait entendre sa voix) s'augmentera encore d'une somme de 1,292 fr. 40 c. provenant de l'excédent capital-octroi et consommation personnel-employé, sur la taxe de remplacement de 2,160 francs.

Le personnel-employé de ce restaurant se compose de chefs de cuisine, aides-cuisiniers, rôtisseurs, fourniers, sommeliers, garçons de salle, omnibus, laveurs de vaisselle, et de plusieurs dames de comptoir ; en tout 43 personnes. Chaque employé consommant un litre de vin par jour, et un litre acquittant pour droits d'entrée et d'octroi 0 fr. 20 c. le produit de 43 × 0,20 multiplié par 365 jours représentera le montant des droits acquittés sur les boissons consommées par le personnel-employé, soit 3,139 francs. Tout en négligeant le capital-octroi sur les vins vieux et les eaux-de-vie de la cave fort respectable de cet établissement, et ne portant l'intérêt du capital-octroi 38,478 francs qu'à 2 0/0, je trouverai encore de ce chef une somme de 769 francs 55 c., qui, grossie de celle de 3,439 francs, formera un total de 3,908 fr. 55 c., soit un excédent de 1,498 fr. 55 c. sur la taxe de remplacement fixée à 2,440.

Ayant la tête bourrelée de chiffres, je me sens très fatigué, et sachant que le raisonnement que j'ai tenu déjà dix fois peut s'adapter à toutes les industries du commerce des boissons, je suis à me demander si je devrais tenir l'engagement que j'ai pris de passer en revue les diverses branches de ce commerce. Craignant toutefois que ma fatigue ne soit mal interprétée, je dirai quelques mots de MM. les marchands de vins en détail et de MM. les marchands de vins à la bouteille, tout en t'exprimant mes regrets les plus sincères d'abuser de tes instants.

MM. les marchands de vins en détail. — Un de mes clients, M. H..., marchand de vin en détail, rue....., dans la... (qu'il se tranquillise, je ferai le mort!) surpris de payer une patente de 75 francs, était venu me demander conseil, et m'a remis sa feuille de contribution que je vais utiliser.

Ce marchand de vin en détail, avec billard, paie un loyer de 4,000 francs et sera imposé comme suit :

Taxe de 12 0/0 sur 4,000.	Fr. 480
Patente octroi de 5ᵉ classe.	100
	580

et le dégrèvement pour droits avancés sur toutes boissons introduites dans l'établissement s'élèvera à la somme de 7,597 francs, savoir :

Vin de soutirage, 6 pièces par mois : 72 par an....	× 45 :	:	3.780
Vin de Bordeaux et de Mâcon 1 1/2 pièce par mois 18 par an.	× 45 :	:	810
	× 27	:	162
Vin blanc, 6 feuillettes par an.	× 35 :	:	240
Vermouth, 6 hectolitres.	× 35	.	105
Madère, 3 "	× 190	:	950
Absinthe, 5 " (52?).			

A reporter. 6.047

Report. 6.017

Rhum, kirsch, cognac, eau-de-vie, bitter, 10 hecto-
litres (46°). . . . . × 125   1.250
Bières, 12 hectolitres. . . . . × 15   180
Vinaigres, liqueurs, sirops.   150

7.597

La taxe de remplacement de 580 francs ne sera pas entièrement couverte par l'intérêt capital-octroi, et par la somme représentative des droits perçus sur la consommation de boissons faite par le personnel-employé, et une légère différence viendra affecter le bénéfice que le dégrèvement acquis devra procurer au chef de la maison.

Cet établissement, fort bien tenu, d'une élégance modeste mais de très bon goût, est géré par M. et Mme X..., assistés d'un seul garçon ; ils font à eux trois la besogne de quatre, ce qui est assez rare aujourd'hui. La consommation personnelle et « employé », étant évaluée à 5 litres de vin par jour, représente une dépense annuelle de 365 francs, soit 5 × 0,20 : 1 fr. × 365 = 365 francs.

A cette somme, de 365 francs, ajoutant : 1° celle de 137 fr. 05 pour intérêts à 2 0/0 sur le capital-octroi de 6,852 francs, et 2° celle de 60 francs pour intérêts à 6 0/0 sur le capital-octroi de 1,000 francs représentant les droits acquittés sur vins fins et eaux-de-vie vieille formant le fonds de cave, tu aurais un total de 562 fr. 05 c., soit une différence en moins de 17,95 sur le montant de la taxe de remplacement évaluée à 580 francs (1).

Je considère cette différence comme étant bien légère, car il est bon que tu saches que, si le prix des loyers d'habitation est le baromètre de l'aisance, celui des locaux consacrés à l'industrie peut être considéré dans bien des cas comme l'indice certain ou critérium du quantum de bénéfices prélevé sur le produit livré à la consommation ; quoi qu'il en soit, elle est largement couverte par le dégrèvement sur les produits alimentaires et de chauffage.

(1) Consulter la note page 213.

Les marchands de vins à la bouteille. — Le nombre des maisons de vins à la bouteille, comme je te l'ai dit, n'est pas très élevé, il ne dépasse guère le chiffre de 150 ; par contre, leur importance, au point de vue de l'écoulement des boissons tient une place des plus honorables.

Quel est le sort qui les attend par la taxe de remplacement ? Pas mauvais, ma foi, comme tu vas pouvoir t'en convaincre. Prenons au hasard l'une d'elles pouvant avoir 10,000 francs de loyer.

Le chef de cet établissement, suivant le système de la taxe de remplacement, sera imposé d'une somme de 1,600 francs, savoir :

1° Taxe de remplacement. . . . . Fr. 1.200
2° Patente-octroi de 1ᵉ classe.   400

                                                  1.600

Le dégrèvement des droits s'élèvera au chiffre de 289,180 francs, ainsi décomposé :

Vin (40 hectolitres par jour). .	14.600 hectolitres	× 19 =	277.400
Cognac, rhum, kirsch, eau-de-vie	40 hectolit. (alcool)	× 266 =	10.640
Vermouth	15	× 30 =	450
Vinaigre d'Orléans.	30	× 23 =	690
			289.180

Examinons maintenant si la taxe de remplacement de 1,600 francs se trouvera couverte par l'intérêt capital-droits décaissés et par la perte des droits acquittés sur la consommation personnel-employé.

Les marchandises se renouvelant chaque mois, je ne ferai subir au capital 289,180 qu'un demi 0/0 d'intérêt, soit 1,445,90 ; par contre, je prendrai 6 0/0 sur une somme de 3,000 francs représentant les droits acquittés pour les vins fins, eaux-de-vie, constituant le fonds de cave, soit 180 francs, et additionnant ces deux sommes 1,445,90 + 180, je trouve un total de 1.625,90.

Le personnel employé de cet établissement, tant pour les écritures que pour le camionnage, le gerbage des fûts, le rinçage des bouteilles, la mise du vin en litre et la livraison des liquides chez les clients s'élèvera au minimum à 25 employés, consommant chacun 2 litres de vin par jour, soit 50 litres. Or, multipliant ce chiffre 50 litres par les droits d'octroi et d'entrée, 19 centimes, tu obtiendras un produit de 9 fr. 50 c., qui représente la perte journalière pour droits payés sur la consommation personnel-employé, et multipliant ce produit 9 fr. 50 c. par 365 jours, tu auras un total de 3,467 fr. 55 c. pour une année.

Il résulte de ces diverses opérations que le capital-octroi et la perte sur consommation personnel-employé s'élèveront à la somme de 5,093 fr. 45 c., soit 1,625 fr. 90 c. + 3,467 fr. 55 c. = 5,093 fr. 45 c., d'où il découle que le système de la taxe procurera au chef de cet établissement un bénéfice de 3,493 fr. 45 c.; soit 5,093 fr. 45 c. moins 1,600 francs = 3,493 fr. 45 c.

Cette démonstration me paraissant concluante, je m'arrête, *ab uno disce omnes*, et je laisse à chacun le loisir de méditer sur le système proposé.

La thèse de remplacement que je viens d'avoir l'honneur de t'exposer, un peu longuement, peut-être, mon cher ami, ne sera point goûtée de tout le monde, et de nombreuses objections ou critiques lui seront faites. Avant de remettre l'épée au fourreau, j'aborderai plusieurs d'entre elles avec ce calme qui sied aux causes justes : l'alcoolisme, l'incertitude pour les revenus de la ville, et le manque de respect dû aux intérêts de MM. les employés de l'octroi, tiendront le premier rang.

Oui ! je vois d'ici apparaître cette phalange d'hommes soi-disant philanthropes et moraux qui, agitant le spectre de l'alcoolisme, prophétiseront la disparition à courte échéance de l'espèce humaine ou tout au moins son abâtardissement.

Hélas ! je pardonne de grand cœur à ces hommes bien intentionnés, qui prétendent qu'en dégrevant d'une manière sensible les alcools, l'on suscitera davantage les tendances actuelles vers l'alcoolisme, car étant de ceux qui ne savent rien parce qu'ils n'ont jamais rien observé, ils ignorent que l'ennemi le plus redoutable de l'alcoolisme est la consommation du vin et du cidre mise à la portée de la classe ouvrière.

Quant aux revenus de la ville de Paris, je crois l'avoir démontré par les calculs qui précèdent, qu'ils étaient assurés tout au moins autant qu'ils le sont, aujourd'hui, par l'octroi. Au surplus, je ne suis point exclusif. Je présente un système que je crois bon, qui, j'en ai la conviction, répond à un désir général, constitue un progrès. Mais mes calculs peuvent être revisés, les détails de mes propositions revus et corrigés; d'autres éléments peuvent y être introduits. Bref, je ne m'oppose pas aux amendements.

Mais, ce dont je suis certain, c'est que l'adoption de mon système sera bien plutôt, pour la Ville de Paris, une source de prospérité plus grande et que ses profits s'en trouveront accentués par l'augmentation progressive et continue. Est-ce qu'ils ne seront pas garantis par la prospérité commerciale et l'augmentation progressive du nombre de maisons s'élevant comme par enchantement en réponse aux demandes réitérées d'une population attirée par les bienfaits des dégrèvements consentis?

Est-ce que l'abaissement des droits sur les matières premières de l'industrie n'est pas aussi urgent que celui des droits sur la viande, le vin? Car pour manger et boire du vin, il faut au préalable avoir du travail. Or, l'existence de droits d'octroi élevés sur les matières premières ravit le travail aux petites industries au profit de la province et de l'étranger, à ce point que l'on pourrait accuser nos édiles de prononcer de gaieté de cœur un arrêt d'exil contre leurs mandataires les plus fervents et les plus dignes d'intérêt. Je m'arrête. Qu'il te suffise de savoir que je voudrais voir Paris grand, aéré, industriel, ayant de l'eau en quantité, le prolétaire y coudoyant le patron, l'artiste, le financier. L'état social, par ce contact journalier, n'aurait qu'à y gagner.

Mais que ferez-vous, me dira-t-on, de ces hommes dévoués qui ont consacré une partie de leur existence à la défense des intérêts de l'État et de la Ville? Ce que j'en ferai?... Ils feront ce que je fais, ils travailleront, ils produiront; toute indemnité, au préalable, leur ayant été octroyée.

Oui, je le répète pour la vingtième fois, je respecte ces hommes, mais chez moi l'intérêt particulier s'efface devant l'intérêt général, et, dans cette circonstance comme dans toute autre, je ne recule pas devant le sacrifice imposé. Ne vas pas croire que je sois offusqué outre mesure de ces 7 ou 8 millions affectés aux appointements de cette pléiade d'employés; car, comparés à la perte de temps et à la détérioration de la marchandise, ils ne sont à mes yeux que ce qu'un grain de mil est dans la bouche de la rossinante d'un Sancho quelconque; et puis je n'admettrai jamais qu'il puisse exister, sous un gouvernement démocratique, deux classes de citoyens, les hommes libres et les assujettis, les travailleurs et les parasites, car je suis de ceux qui croient que la République ne vivra que par le travail et la liberté. Aussi suis-je heureux de constater que notre jeune démocratie se complaît dans l'amour de la science, des arts, des lettres, de l'ordre et du travail, et qu'elle dédaigne ces faveurs, ces privilèges, héritages de l'oisiveté, cet apanage de l'ancienne aristocratie. Notre noblesse à nous sera travail et devoir. Encore un mot, un seul: les souffrances de l'ignorance étant supprimées, il est du devoir de nos édiles de penser aux souffrances physiques.

Telle est, mon vieil ami, la solution que j'ai cru devoir donner au palpitant problème de la suppression des octrois de la ville de Paris.

Cette solution aura, comme son aînée, celle du problème *de la suppression de l'impôt indirect et son remplacement par l'impôt direct*, des détracteurs et des défenseurs. La lutte ne m'effraie pas, elle ne saurait être longue et la victoire incertaine ; car, reposant sur le principe démocratique, la thèse que j'ai soutenue a reçu la solution que comportaient ses sentiments politiques, moraux et sociaux. En effet, en répartissant le poids de l'impôt sur la totalité des citoyens et proportionnellement à la faculté de chacun d'eux, elle s'est faite l'interprète des aspirations de tous, et dès lors elle ne saurait être exploitée par les adversaires de la République, et, par la suppression des droits d'octroi et d'entrée sur les aliments, les combustibles et les boissons fortifiantes, tout en moralisant les classes laborieuses par la disparition de la fraude, elle répandra au milieu d'elles un bien-être relatif dont les effets se feront sentir tant au point de vue du développement physique que du développement intellectuel ; enfin, elle aura en outre rendu au commerce cette liberté qu'il réclame depuis si longtemps.

Et maintenant, calme et impassible, appuyée d'une main sur le respect dû à la loi et de l'autre sur le principe de l'égalité devant l'impôt, la tête haute et couronnée de la liberté commerciale fécondant de ses largesses notre France bien-aimée, elle attend avec confiance le verdict de l'opinion publique.

Tout à toi,

Charles CARRÉ,

Maire de Rouperroux (Sarthe),

Négociant en eaux-de-vie,

39, rue de Nuits, à Bercy-Paris.

TABLE DES MATIÈRES

www.ingramcontent.com/pod-product-compliance
Lightning Source LLC
LaVergne TN
LVHW021652060726
842527LV00003B/864